PATEK PHILIPPE
GENEVE
HOME
LOCAL

Liebe Leserin,

lieber Leser,

war 1971 ein besonderer Sommer? Mit „Love Story" kam der ultimative Liebesfilm in die Kinos, Bundesverteidigungsminister Helmut Schmidt ordnete den Haarnetz-Erlass für die Bundeswehr an, und 374 Frauen outeten sich im „Stern", abgetrieben zu haben, ein Meilenstein der Emanzipation.

Doch auch im Stillen, an den Ufern des Mittelmeers, wurde Geschichte geschrieben, Musikgeschichte. Vor allem von den Rolling Stones. In jenem Sommer schufen sie an der Côte d'Azur rauschhaft ihr wohl bestes Werk, „Exile on Main Street", von dem führenden Musikmagazin „Rolling Stone" noch 2020 auf Platz 14 der 500 besten Alben aller Zeiten gelistet.

Im Jahr zuvor verlor Joni Mitchell ihr Herz an einen Mann, der in den legendären Höhlen von Matala, dem damaligen Hippie-Mekka im Süden Kretas, lebte, und schrieb darüber „Carey", ein herausragendes Stück auf ihrer legendären LP „Blue" – auch diese vom „Rolling Stone" gerühmt, sogar als drittbestes Album aller Zeiten.

Und Leonard Cohen lebte einige Zeit zuvor mit Marianne Ihlen auf der Ägäisinsel Hydra zusammen – was ihn zu einem seiner berühmtesten Lieder, dem Klassiker „So Long, Marianne", inspirierte (Seite 72 ff.).

Zu gern würde ich an dieser Stelle das Mittelmeer als Inspiration für diese kulturellen Leistungen anführen. Womöglich ist es ja auch so. Wie nach Meinung von Kunstexperten die mediterranen Gestade auch den „Fauves", der avantgardistischen Bewegung der französischen Expressionisten, Flügel verliehen.

Aber vielleicht ist dies zuerst dem Savoir-vivre, der Lässigkeit der warmen Sommerabende der Méditerranée geschuldet. Nur, wie kommt es dann, dass Felix Mendelssohn Bartholdy für die berühmte Hebriden-Ouvertüre, vor allem aber für seine dritte Sinfonie, die „Schottische", geradezu gegenteilige Voraussetzungen hatte? „Die schottischen Hochlande und das Meer brauen miteinander nichts als Whiskey, Nebel und schlechtes Wetter. Die Fahrt mit unserem Dampfschiff war alles andere als erfreulich. Je tiefer das Barometer fiel, desto höher stieg die See. Die Ladies fielen um wie die Fliegen, und der ein oder andere Gentleman tat es ihnen gleich." So schrieb er in seinem Reisetagebuch im August 1829.

Ach, ob nun die Sommer jener Jahre besondere waren, bezweifle ich. Aber das Meer inspiriert, das möchte ich nicht bestreiten. Auch wenn Berge, Drogen, Großstädte oder vor allem die Liebe ebenso sehr die Künstlerinnen und Künstler anregten.

Viel Spaß beim Lesen wünscht Ihnen

Nikolaus Gelpke

Reportage: Ein maroder Industriekomplex ruiniert Siziliens Süden

Leben: Cool und doch geerdet – die Speedboat Boys von Venedig

Wissenschaft: Der Schleim von Meeresschnecken klebt genial gut

Wissenschaft: Wie ein Badener James Cooks Tod enthüllte

Titel: Unter der Mittelmeersonne entstanden Ikonen der Musikgeschichte

Wirtschaft: Ein kretischer Bischof wird zum Manager einer Reederei

Meeresrauschen: Das Bild eines Lieds der Liebe, so immens wie Meer

Titelbild

Im Sommer 1971 wollte Dominique Tarlé einen Tag lang Keith Richards in dessen Villa Nellcote fotografieren. Es wurden sechs Monate, in denen er Teil der Stones-Familie wurde. „Ein Karneval der Charaktere paradierte durchs Haus, von Gram Parsons und John Lennon über eine bengalische Band bis zu Dealern und Dieben – nur um Zeugen dessen zu werden, was hier vor sich ging."

RUBRIKEN

Übrigens: *Ein schöner (Heft-)Rücken kann auch entzücken. Ein Fisch ist ein Fisch ist ein Fisch ...*

1 ELLIOTT KEY
Nicht jeder, der im türkisblauen Wasser Floridas nach Meeresschätzen sucht, will damit seine Muschelsammlung bereichern. Unser Mann hat unzählige Leben mit seinem Fund gerettet und nicht mal was davon erfahren.
Seite 112

2 LONDON
Wer heute an Deck einen Stuhl mit Ausblick möchte, wirft verbotenerweise schon frühmorgens sein Handtuch darauf. Was manchmal ebenso vergebens ist wie die Konstruktion dieser einstigen Sitzgelegenheit.
Seite 32

3 STRALSUND
Die Spezialität aus 2,5-Liter-Fässern ist nicht die Ursache für, sondern ein althergebrachtes Heilmittel gegen alkoholbedingten Kater. Und hilft angeblich auch gegen hochwohlgeborene Spiegeleiersucht.
Seite 60

4 INNSBRUCK
Sternstunde der deutschen Fernsehgeschichte: Mario Adorf als Heinrich Haffenloher in Helmut Dietls „Kir Royal". Hier allerdings schlägt die Stunde des Seesterns, der, hätte er ein Sprachorgan, ebenso gerechtfertigt sagen könnte: „Isch mach in Kleber."
Seite 62

5 BURANO
Dio mio, l'huomo italiano! *Macht gerne den Breiten und dabei natürlich auch stets* bella figura, *aber wenn es ein Hindernis gibt, und sei es auch nur ein imaginäres, dann gilt der erste dramatisch verzweifelte Hilferuf: der* mamma.
Seite 48

6 VILLEFRANCHE
Es war ein Steuersparmodell, das kein Berater sich jemals hätte ausdenken können. Zwischenzeitlich konnte man alles und alle abschreiben, finanziell gelohnt hat es sich nicht wirklich, und trotzdem ging die Rechnung auf.
Seite 72

7 SIZILIEN
Wenn Fische wie seltsame Wunderwesen aussehen, dann ist das in diesem Fall nicht vorrangig biologisch interessant, sondern Zeichen einer ungleich größeren Katastrophe. Beten hilft nicht und gleichzeitig doch so viel.
Seite 12

No. 153
mare
Die Schauplätze

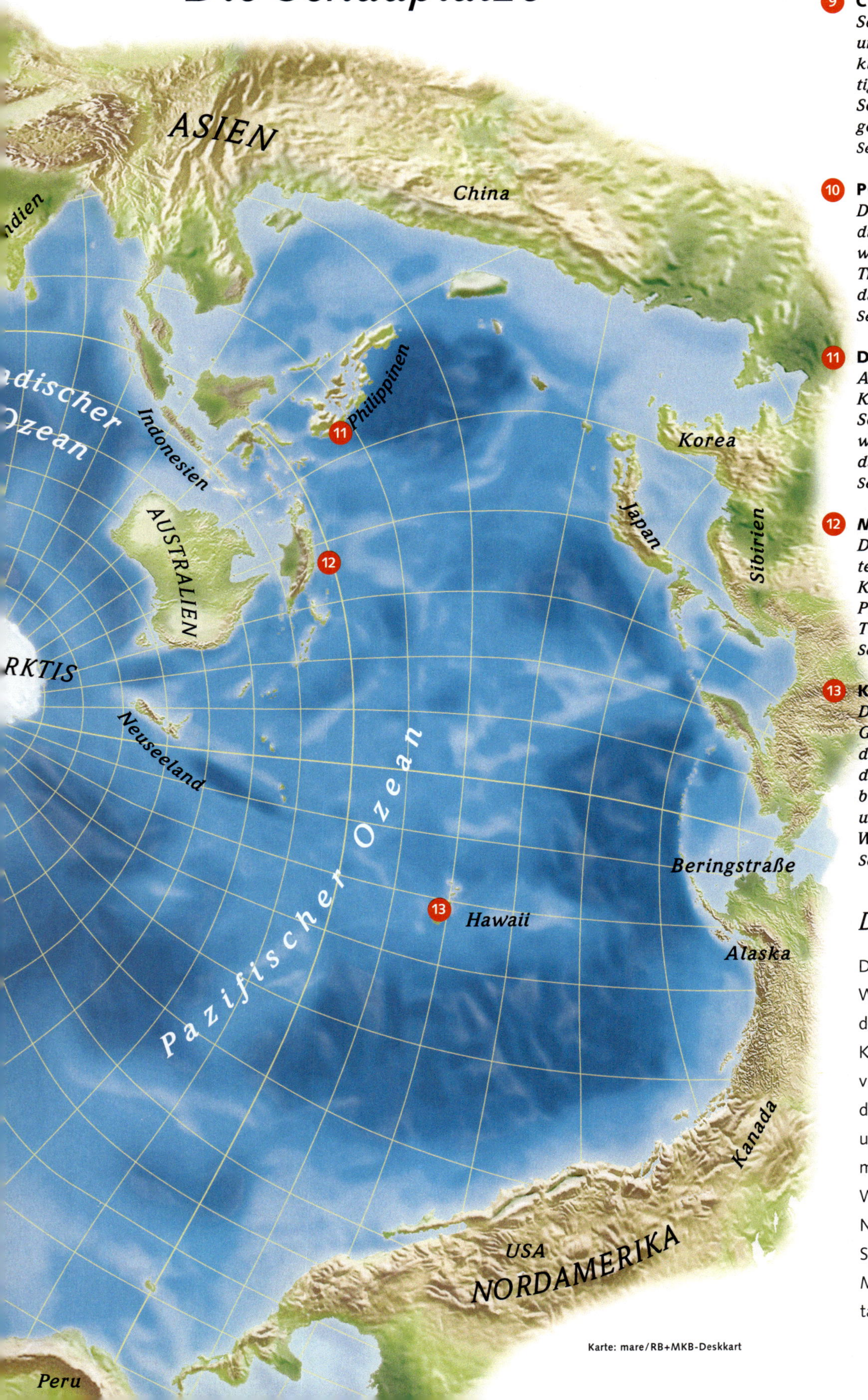

Karte: mare/RB+MKB-Deskkart

8 HYDRA
Wer wollte nicht die ewige Hauptperson eines großen, wahrlich berühmten Liebeslieds sein? Blöd nur, wenn dieses in klarer Vorausschau die zukünftige Trennung besingt.
Seite 88

9 CHANIA
Seliges Gottvertrauen zu nutzen, um Bauern Aktien zu verkaufen, klingt nach Abzocke. Der richtige Text dazu geht aber so: Ein Schiff wird kommen, und das gehört uns allen.
Seite 114

10 PORT SAID
Die Endstation sollte eigentlich die dritte sein, die Ankunft war eine Erleichterung, und die Tragik dieser Schiffsreise ist damit noch lange nicht erzählt.
Seite 36

11 DAVAO ORIENTAL
Am Ende der Geschichte sitzt ein Kind auf den Philippinen in der Schule auf einem Stuhl, der nicht wirklich neu ist, aber die Idee dahinter ist es, und sie ist gut.
Seite 127

12 MANUS
Der Weltraum, unendliche Weiten. Die Galaxien, die Captain Kirk dort oben suchte, hofft Herr Professor aus Harvard in den Tiefen des Pazifiks zu finden.
Seite 124

13 KEALAKEKUA BAY
Die Deutungshoheit der Geschichte lag wie so oft bei denen, die nicht ganz vorne mit dabei waren. Der frühe Whistleblower kam aus der Kurpfalz und wollte doch lieber für immer Weltreisender sein.
Seite 64

Die mare-Weltkarte

Der Versuch, den Globus auf eine Weltkarte zu projizieren, quasi die Quadratur der Kugel, ist ohne Kompromisse zum Scheitern verurteilt. Und so sind es stets die Meere, die auseinandergerissen und verzerrt dargestellt werden. mare beschreitet mit seiner Weltkarte den umgekehrten Weg: Nach einer Projektion von Athelstan Spilhaus präsentieren wir die Meere und ihre Küsten so, wie sie tatsächlich zusammenhängen.

Das blaue Telefon

Ihre mare-Hotline in die unerforschten Weiten und Tiefen der Meere

Ihre maritimen Fragen können Sie per Telefon (0800/218 218 2, gebührenfrei) oder E-Mail (wat@mare.de) stellen. Diesmal antworten Ihnen Nina-Marie Lešić und Simon Wett von MARUM – Zentrum für Marine Umweltwissenschaften der Universität Bremen sowie Yannis Kappelmann vom Leibniz-Zentrum für Marine Tropenforschung.

Stimmt es, dass ein Telefonkabel zur Vermessung des Golfstroms genutzt wird?

Robert Schmidt, Bad Krozingen

Tatsächlich gehört ein ausgedientes Telefonkabel zu den wohl kuriosesten Messgeräten der Ozeanografie. Genutzt wird es in der Straße von Florida, die den Beginn des Golfstroms markiert. Dieser erstreckt sich vom Golf von Mexiko Richtung Norden entlang der amerikanischen Ostküste, überquert als Nordatlantikstrom den Atlantik und sorgt als eine Art Fernwärmeheizung für das vergleichsweise milde Klima in Europa. Die Schwankungen der Wassermenge in der Straße von Florida sind von großem wissenschaftlichen Interesse, um die Veränderungen der Wasserzirkulation im Atlantik zu verstehen. Zur genauen Vermessung dieser Transporte greifen Forschende hier seit Jahrzehnten auf einen physikalischen Trick zurück. Dabei spielen ein ausgedientes Telefonkabel, das Erdmagnetfeld und das Salz im Meerwasser eine entscheidende Rolle. Das Salz im Meerwasser ist zum größten Teil Natriumchlorid, also das aus der Küche bekannte Kochsalz. Wenn dieses in Wasser aufgelöst wird, lösen die Wassermoleküle positiv geladene Natrium- und negativ geladene Chloridteilchen, sogenannte Ionen, aus der Kristallstruktur. Diese Ionen im Wasser bewegen sich mit der Strömung und zwar wie jede Bewegung auf unserem Planeten in einem Magnetfeld, dem Erdmagnetfeld. Es handelt sich also um geladene Teilchen, die sich in einem Magnetfeld bewegen, und diese können in einem elektrischen Leiter eine messbare Spannung erzeugen. Ein ausgedientes Telefonkabel am Meeresgrund zwischen Miami und der Insel Grand Bahama dient als dieser Leiter. Die erzeugte Spannung ist dabei abhängig von der Menge des transportierten Wassers. Mit Vergleichsmessungen der Strömung durch Strömungsmessgeräte vor Ort kann einer am Telefonkabel gemessenen Spannung nun ein Wert für die Menge an Wasser zugeordnet werden, die über dem Kabel entlangströmt. So wird einem ausgedienten Telefonkabel ein neues Leben für die Ozeanografie eingehaucht.

Echt spannend: Ein altes Telefonkabel misst den Wasserstrom zwischen Miami und den Bahamas

Wie wachsen Ozeane?

Irene Neideck, Kruft

Die Erde steht nie still, auf eindrucksvolle Weise sind etwa Vulkanausbrüche und Erdbeben Zeugen dieses stetigen Wandels. Nicht nur die Landmassen verändern sich, auch Ozeane wachsen und schrumpfen mit der relativen Bewegung der Kontinentalplatten zueinander, der Plattentektonik. Dieser Vorgang wird durch heißes, aufsteigendes Gestein aus dem Erdinneren und erkaltete, ins Erdinnere sinkende Erdkruste angetrieben, die sogenannten Konvektionsströme. Wo heißes Material aufsteigt, wölbt sich die darüberliegende kontinentale Kruste, wird dünner und bricht auf – ein Graben entsteht, die Geburt eines neuen Ozeans. Er wächst durch das aus dem Erdinneren nachströmende Material mehrere Zentimeter im Jahr. In seinem Wachstumszentrum, der Spreizungszone, entsteht ein Gebirge. Dieser Mittelozeanische Rücken ist Teil des größten zusammenhängenden Gebirgssystems der Welt, umspannt mit circa 60 000 Kilometer Länge alle Ozeane und durchbricht dabei die Wasseroberfläche und bildet Inseln, zum Beispiel die Azoren. Während in der Spreizungszone heißes Material konstant junge ozeanische Kruste bildet, kühlen die älteren Ränder über Hunderte Millionen Jahre aus und verlieren dabei an Auftrieb. Sie sinken ab, werden unter die angrenzenden Platten geschoben und werden somit Teil der Konvektionsströme. Bereits zu diesem Zeitpunkt kann der Ozean zu schrumpfen beginnen – abhängig davon, wie schnell Ozeanboden am Mittelozeanischen Rücken gebildet wird und wie schnell seine Ränder ins Erdinnere verschwinden.

Wie die Kontinente sind Meeresböden ständig in Bewegung – auch sie wachsen und schrumpfen

Gibt es in der Tiefsee Pilze?

Carlo Mendiger, Bonn

Steinpilz, Champignon, Austernpilz – in unserem Alltag begegnen uns Pilze meist als essbare Fruchtkörper auf unseren Tellern, als ungeliebte Schimmelpilze auf verdorbenen Lebensmitteln oder in Form von Backhefe als Küchenhelfer. Doch auch in der Tiefsee findet sich eine Fülle verschiedener Pilze, die meist mikroskopisch klein sind. Wie an Land haben Pilze auch in marinen Ökosystemen eine wichtige Rolle, da sie zum Beispiel Stoffe so zersetzen, dass sie für andere Organismen verwertbar sind. Dabei brauchen sie nicht einmal Sonnenlicht, um zu überleben. Gerade der Abbau von organischem Material liefert dem Pilz wichtige Energie zum Leben, trägt aber auch maßgeblich zum Nährstoffkreislauf im Meer bei. Spezielle Pilzgemeinschaften wurden an hydrothermalen Quellen (wie etwa Schwarze Raucher), aber auch in den normalen Sedimenten am Meeresboden gefunden. Vor einigen Jahren wurden sogar in tiefen Sedimentbohrkernen mehr als 100 Meter unter dem Meeresboden Pilze festgestellt. Da einige der gefundenen Pilzarten zu der Gattung *Penicillium* gehören, sind gerade diese Vertreter äußerst interessant. Wie ihr Name vermuten lässt, sind diese Pilze für die Produktion von Penicillin verantwortlich und könnten somit wertvolle Ansätze für die Arzneimittelforschung liefern. Manche der Pilze im Ozean zählen übrigens zu den Hefepilzen. Kürzlich gelang es einem kroatischen Forscher, diese Hefen aus dem Meerwasser zu gewinnen und damit erfolgreich sein eigenes Bier zu brauen.

Überlebenskünstler Pilz: In tiefsten Meerestiefen, sogar 100 Meter unter dem Boden, sind sie aktiv

ANZEIGE

Einzigartige Paradiese: die Trauminseln der Karibik

Bequem und entspannt per Schiff reisen

Das schönste Lächeln der Karibik

Traumstrände an türkisblauem Wasser, farbenfrohe Städte und karibische Leichtigkeit: Um dem heimischen Winter zu entfliehen, sind Aruba, Bonaire und Curaçao goldrichtig.

Hier geht der Winter baden

Klein, aber oho – treffender könnte man die *ABC-Inseln* kaum beschreiben. Die feinsandigen Strände von *Aruba* zählen zu den schönsten der Welt. Ein echter Geheimtipp ist das kulturelle Herz San Nicolas, in dessen Straßen sich die weltbesten Street Artists mit ihrer Kunst präsentieren. In dem klaren Azurblau vor der Küste verbirgt sich eine Welt aus bunten Fischschwärmen, Korallen, Mantarochen, Schildkröten und vielem mehr – wie auch vor *Bonaire,* einem der besten Tauchreviere der Karibik. Selbst ungeübte Schnorchler erleben hier ihr blaues Wunder. Karibische Leichtigkeit und prächtige Farben verzaubern Besucher auf *Curaçao*. Die Flora der Insel ist zauberhaft, genauso wie die berühmten bunten Fassaden von Willemstad.

Mit dem Schiff in die Karibik

Zu schön, um wahr zu sein? Es wird noch besser: Ganz ohne Flug starten im Winter außergewöhnliche Karibik-Kreuzfahrten ab / bis Hamburg – unser Tipp für alle, die Land und Leute bequem entdecken wollen, einzigartige Ausflüge suchen und intensive Reiseerlebnisse lieben. Alle Informationen zu den AIDAselection Entdeckerreisen gibt es auf *aida.de/selection*

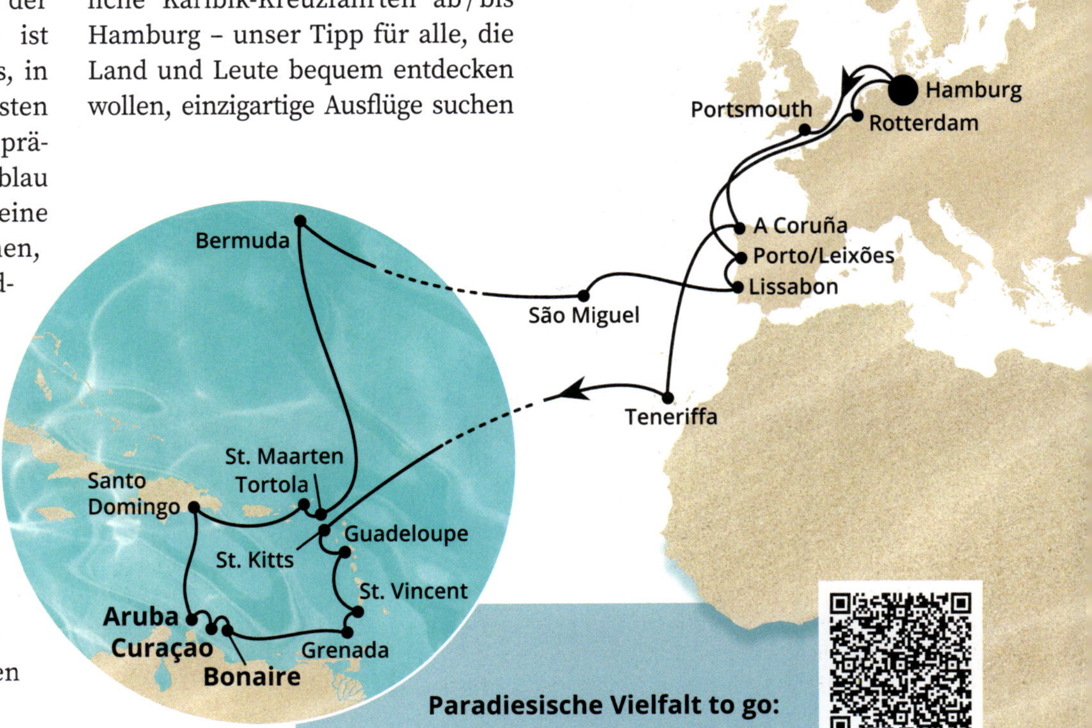

Paradiesische Vielfalt to go:
Jetzt scannen und davonträumen.

AIDA Cruises · German Branch of Costa Crociere S. p. A. · Am Strande 3 d · 18055 Rostock

DAS TODESDREIECK

TEXT: PETRA RESKI
FOTOS: STEFANO SCHIRATO

An der Küste von Sizilien verpestet der größte Industriekomplex Italiens seit Jahrzehnten das Meer und die Luft. Mit dramatischen Folgen für die Menschen, die dort leben

Rechte Seite oben **Im Inneren einer petrochemischen Anlage in Priolo Gargallo.** *Darunter* **Orazio Giosuè Benanti ist fünf Jahre alt. Er kam mit gespaltener Wirbelsäule und Wasserkopf auf die Welt**

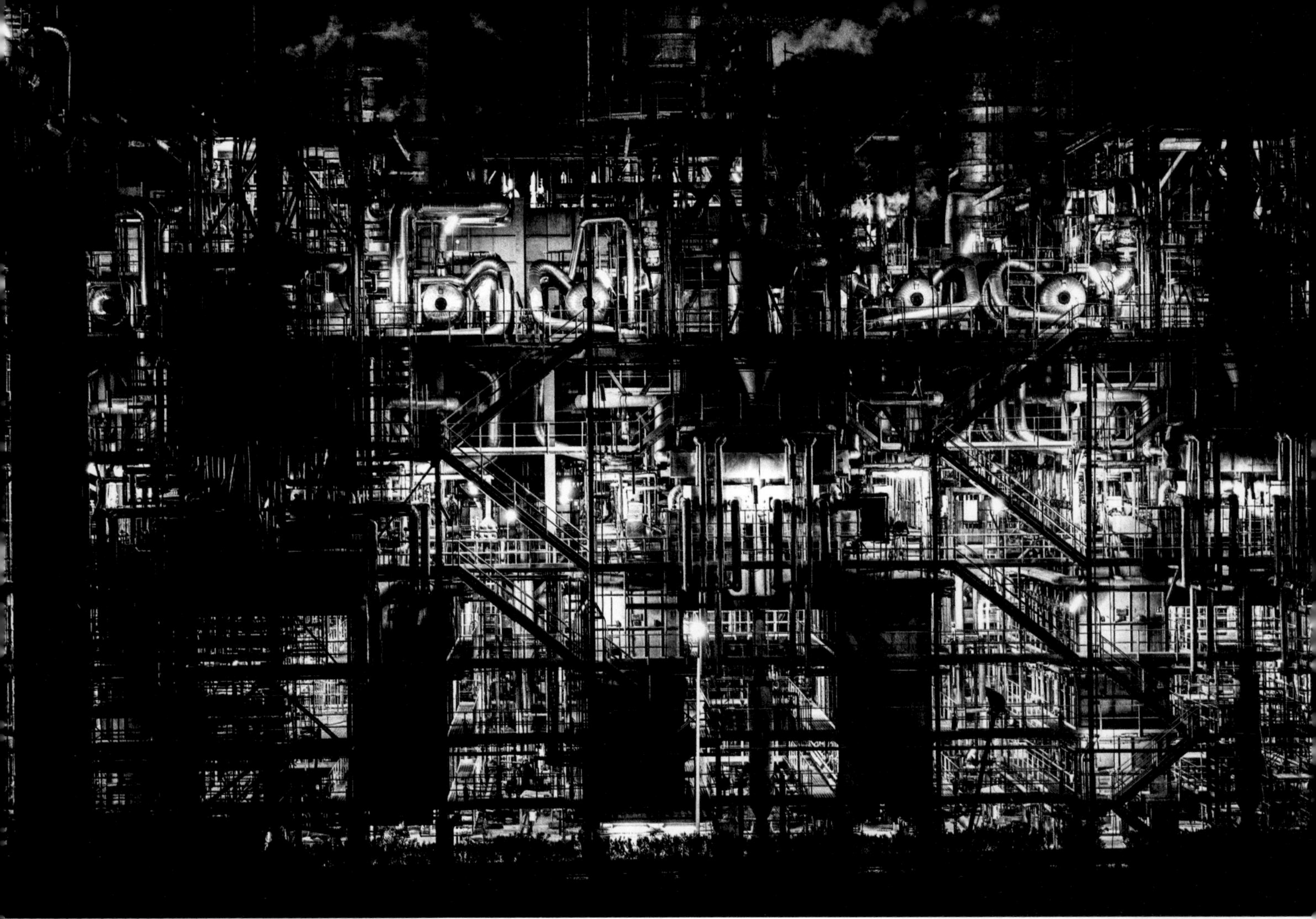

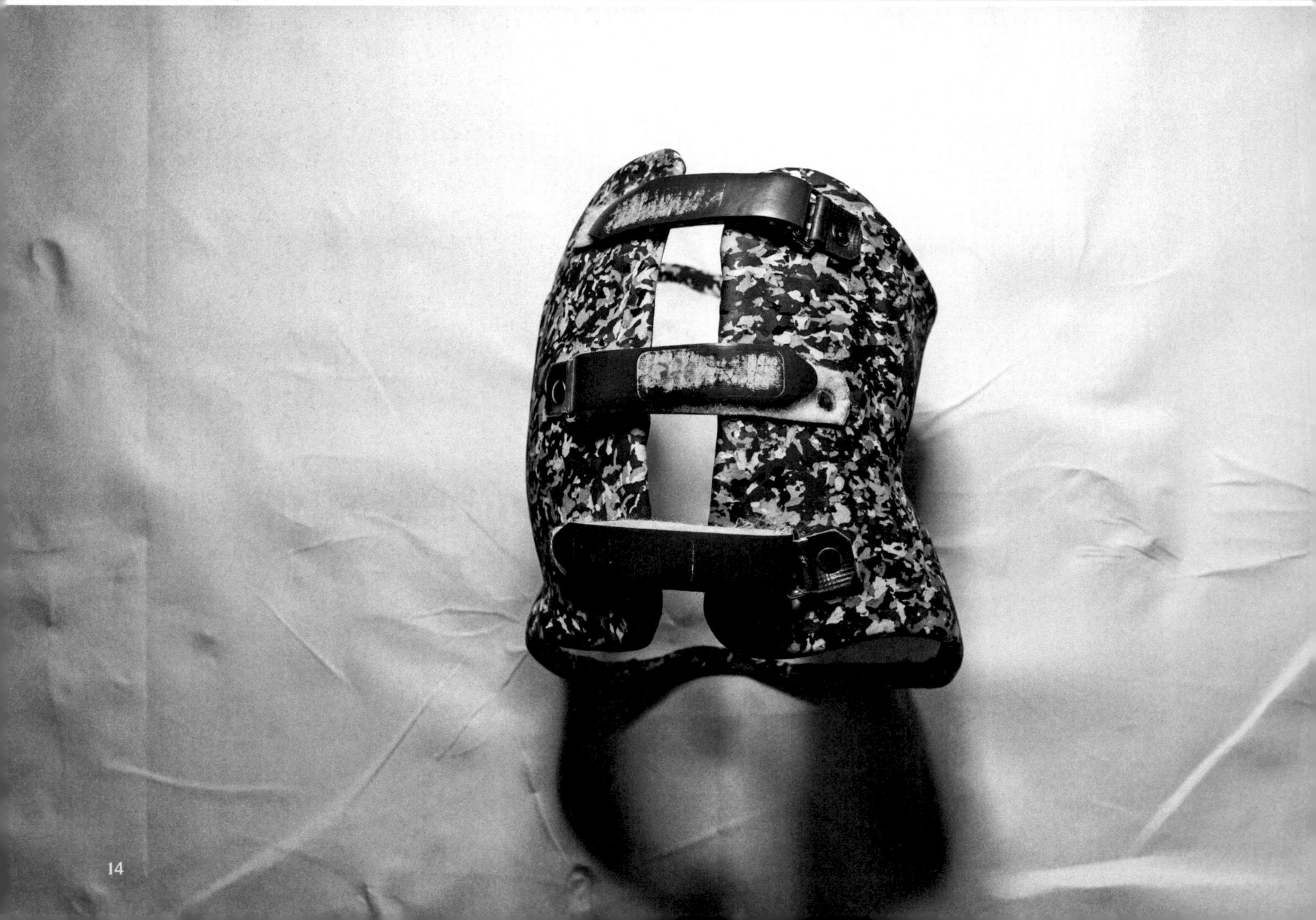

Linke Seite oben **Silvana Nanè, 75, mit Tochter Giusi, einer Anwältin der Organisation Stop Poison. Ihr Mann starb nach 28 Berufsjahren in einer Raffinerie mit 46 an Leukämie.** *Darunter* **Die Prothese, die Orazio Benantis Wirbelsäule stützt**

LU MARI È AMARU, DAS MEER IST BITTER, sagt eines der vielen Sprichwörter, mit dem auf Sizilien der Schrecken des Meers beschworen wird. Was erstaunt, angesichts eines Meers, das mal anmutet wie ein türkisfarbenes Juwel, mal wie ein in Brand gesetzter Horizont, mal wie goldgesprenkeltes Silber. Die Sizilianer aber trauen der Schönheit nicht und wünschen sich das Meer weg. Kein leichtes Unterfangen bei 1150 Kilometer Küste. Man versuche sich der möglichst vollständigen Illusion hinzugeben, dass es das Meer nicht gäbe und Sizilien keine Insel sei, schrieb der sizilianische Schriftsteller Leonardo Sciascia einst. Während Äcker Sicherheit verhießen, sei das Meer für Sizilianer der Inbegriff der Fatalität. Schließlich kam alles Schlechte vom Meer, Piraten, Eroberer, Feinde. Und am Ende auch das Gift.

Gelblich-braune Schaumkronen tanzen auf einem reißenden Strom, der ins Meer geleitet wird. Auf einem Schild steht „Ethylen-Anlage“ und „Kennung Abfluss Meerwasser. ETI“. In der nahen Petrochemieanlage wird Ethylen fabriziert, ein Baustein zur Herstellung von Lacken, Lösungs- und Pflanzenschutzmitteln oder Kunststoffen. Ein Mann steht in einem Boot und versucht, mit einem Wasserstrahl den Schaum daran zu hindern, über eine Sperre ins Meer zu fließen. Der Schaum sei ganz normal, wenn warmes Wasser auf kaltes Wasser treffe, sagt er. Normal ist hier an der Ostküste Siziliens jedoch relativ, in der Petrochemieanlage von Augusta-Priolo, einst die größte Europas. Mit 57 Hektar ist sie Italiens größter Industriekomplex und umfasst die Gemeinden von Augusta, Melilli und Priolo. Man nennt die Gegend auch: Todesdreieck. Hinter Palmen, honigfarbenen Barockkirchen und königsblauem Meer verbirgt sich ein Abgrund: Ein Drittel aller Tode sind hier auf Krebs zurückzuführen, jeder Zweite stirbt, bevor er das Rentenalter erreicht, Kinder kommen blind und mit gespaltener Wirbelsäule zur Welt, und bis heute gibt es kein Geburtenregister für Fehlbildungen.

Man nennt es „industrialisiertes Küstengebiet im Osten Siziliens“, tatsächlich ist es ein Vorhof zur Hölle. Gebaut auf den Resten der griechischen Kolonie auf Sizilien, in einem Landstrich, der extrem erdbebengefährdet ist (das letzte fand 1990 statt), müsste das ganze Industriegebiet eigentlich saniert werden, weil das Geschäft seit den 1980ern nur noch schleppend verläuft. 1990 wurde es zum „umweltgefährdeten Gebiet“ erklärt, weil Böden und Grundwasser verseucht sind. Aber passiert ist seither nichts. Stattdessen heißt es hier immer noch: Entweder sterben wir am Hunger oder am Krebs.

„Von der Arbeit muss man leben, nicht sterben“, sagt Don Palmiro Prisutto, der Pfarrer von Augusta. Er sitzt im Neonlicht seines Büros in der Barockkirche von Augusta. „Wenn ich zehn Tote beerdige, sind davon acht an Krebs gestorben. Und das Schlimme ist, dass die Toten immer jünger werden.“ Weil die Stadtverwaltung sich weigerte, den Krebstoten einen Platz zu weihen, hat er in seiner Kirche einen „Platz der Märtyrer der Krebstoten“ eingerichtet, mit Namen, Alter und Krebsart eines jeden Verstorbenen. Er hat alle italienischen Präsidenten der letzten Jahre eingeladen, diesen Toten die Ehre zu erweisen – gekommen ist niemand. Von seiner Terrasse kann der Pfarrer auf die Reede von Augusta blicken, dort lagern 18 Millionen Kubikmeter Giftschlamm, darunter 500 Tonnen Quecksilber. 750 Millionen Euro werden allein für die Sanierung des Hafenbeckens veranschlagt, die Firmen sollten sich an den Kosten beteiligen, geschehen ist nichts. Im Abendlicht liegt das Hafenbecken da wie ein Silbertablett – wegen der Pandemie ungenutzte Kreuzfahrtschiffe sind hier geparkt, daneben die Schiffe der italienischen Marine und der Nato. Die „Augusta Bay" ist ein Ableger der nahen US-Basis Sigonella.

Fremdherrschaft zieht sich wie ein roter Faden durch die sizilianische Geschichte. Was einst Araber und Normannen, spanische Vizekönige und Bourbonen waren, sind später norditalienische Industrielle, die hier Unternehmen ansiedelten, die ihnen nirgendwo anders genehmigt worden wären. „So wurde Sizilien die erste petrochemische Industriemacht im Mittelmeerraum. Nur 15 000 Arbeiter bei einer Bevölkerung von fünf Millionen. Ökologisch ein Verbrechen. Politisch ein Bluff. Historisch gesehen eine Schweinerei", schrieb der sizilianische Journalist Giuseppe Fava 1983. Ein Jahr später

Unten **Donatella Saraceno, 49, Aktivistin der Organisation Stop Poison, trägt ein T-Shirt mit einem Foto ihrer Tochter Irene, die mit 22 Jahren an Lungenkrebs starb. Sie hatte nie geraucht und wollte Stewardess werden**

Oben **Marina di Melilli war früher ein Ferienort. 1979 mussten alle Bewohner den Industrieanlagen weichen**

wurde er ermordet. Von der Mafia – die stets enge Bande zur Unternehmerschaft pflegte.

Alles begann mit dem Erdölindustriellen Angelo Moratti. 1946 kaufte er in Texas eine alte Raffinerie, zerlegte sie, brachte sie nach Augusta und installierte sie direkt neben Megara Hyblaea, einer der ältesten griechischen Kolonien auf Sizilien, unter der sich wiederum eine neolithische Siedlung verbirgt. Von da an geht es schnell: Raffinerien, Zementfabriken und Gaswerke folgen, Chemiewerke und Müllverbrennungsanlagen sollen in den 1950er- und 1960er-Jahren den Fortschritt nach Sizilien bringen, an die Südküste nach Gela und in den Osten nach Augusta-Priolo. Stattdessen bringen sie Gift: Ammoniak, Arsen und Benzol, Chlorsäure, Dioxin, Schwefelsäure, Stickstoffoxide. Schwermetalle wie Kadmium, Chrom und Quecksilber verseuchen die Luft, den Boden, das Grundwasser und das Meer. Jahrzehnte wird es als kostenlose Deponie benutzt. Wie die Umweltschutzorganisation Legambiente enthüllte, werden aus der Chlor-Soda-Anlage von Montedison zwischen 1958 und 1980 mehr als 500 Tonnen Quecksilber in die Bucht von Augusta geleitet. Der Grundwasserspiegel sinkt um 150 Meter und wird mit Meerwasser und Erdöl verunreinigt. Als unterirdische Tanks lecken, sprudelt aus einem Brunnen Benzin statt Wasser – und der Bauer, auf dessen Land der Brunnen steht, wegen Benzinklaus angezeigt.

Es war die Meeresbiologin Mara Nicotra, die schon 2007 wissenschaftlich aufarbeitete, dass die missgestalteten Fische, die in Augusta gefangen wurden – Sardinen, Doraden, Zahnbrassen mit gespaltener Wirbelsäule, zwei Wirbelsäulen, Wirbelsäulen in S-Form –, voller Schwermetalle stecken, weil der Meeresboden verseucht ist. Mit Quecksilber, einem Nervengift, das in die Nahrungskette eingeht, Genschäden verursacht und

Lesen Sie bitte weiter auf Seite 21

Linke Seite oben **Die Prothesen der paralympischen Bogenschützin Kimberly Scudera.**
Darunter **Die Raffinerie in Augusta, mit der die Geschichte der giftigen Industrie begann.**
Unten **Kimberly Scudera ist querschnittsgelähmt, sie wurde mit gespaltener Wirbelsäule geboren**

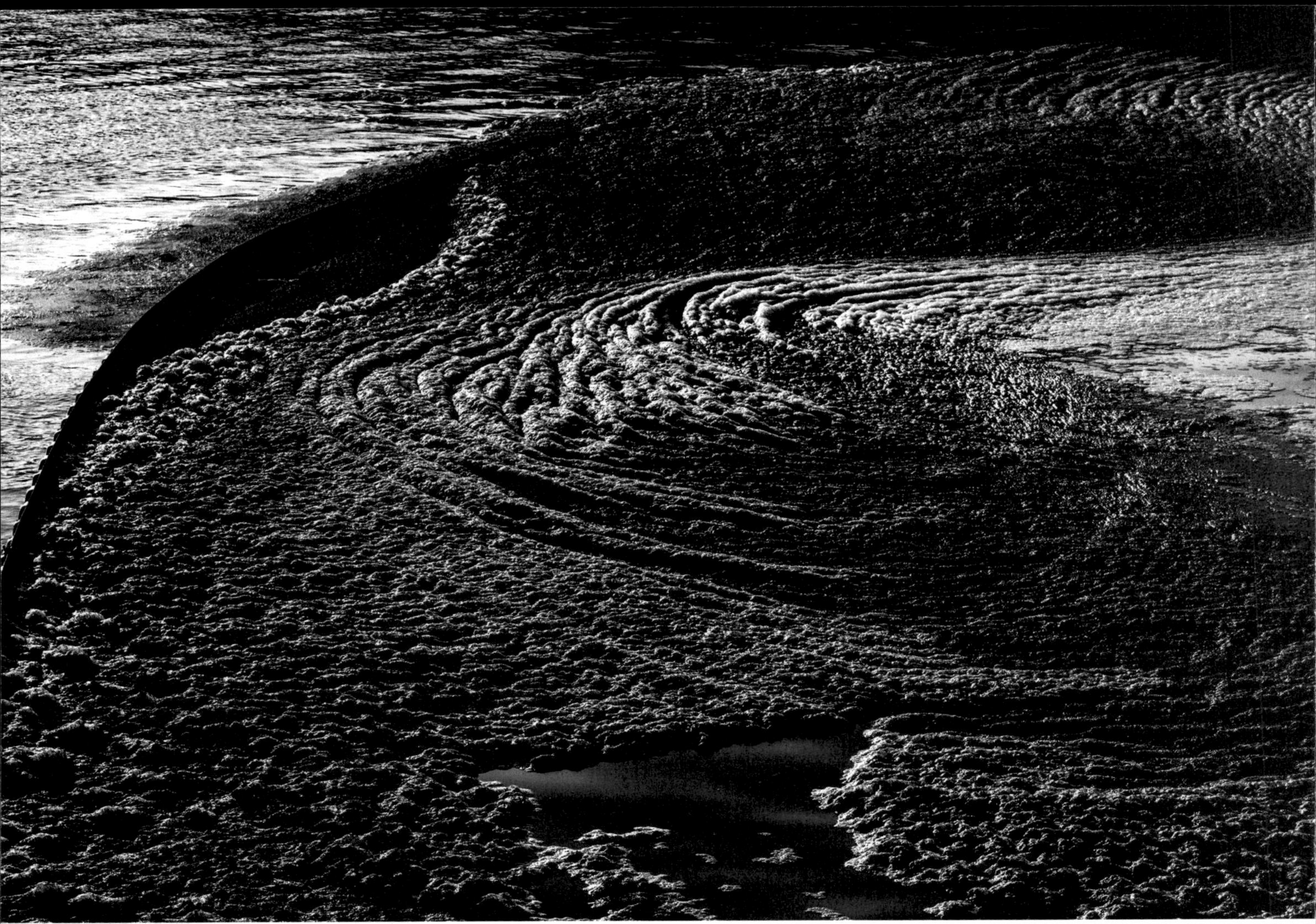

Linke Seite oben **Giftige Abwässer fließen in Melilli ins Meer.** *Darunter* **Andrea Pluchino arbeitete über 40 Jahre in der Petrochemie und kämpft seit den 1980er-Jahren gegen die Verseuchung**

bei ungeborenen Kindern zu Missbildungen führt. „Aber bis heute wird die schlechte Luft hier nur auf den Autoverkehr zurückgeführt", sagt Mara Nicotra.

„Mehr Schlote, mehr Wohlstand", hieß es damals. Was heute davon bleibt, ist ein Inferno aus Kühltürmen, Stromschienen und Abgasrohren, aus Pipelines, Lagertanks und Rohrleitungen. Zwischen Öltanks, Rauchschloten und Dutzender stillgelegter, unsanierter Fabriken, die Pestizide, Herbizide, Düngemittel, Magnesit, Ammoniak, Quecksilber oder asbesthaltiges Eternit herstellten, wachsen Olivenbäume und Orangenhaine, grast Vieh und wird Gemüse angebaut. In den schmalen Straßen zwischen Industrieskeletten, einstigen Zementwerken und nach wie vor aktiven Petrochemieanlagen stapelt sich Müll: alte Matratzen und Kühlschränke, Asbestabfall und Dämmplatten aus Mineralwolle, die hier abgeladen und angezündet werden. Dazwischen verrotten die verlassenen Häuser der Marina di Melilli, einer Geisterstadt, aus der die Bewohner vertrieben wurden, um Platz zu machen für eine weitere Petrochemieanlage.

Unzählige Mal haben die Fabriken hier ihre Besitzer und Namen gewechselt, ein gigantisches Hütchenspiel. Wenn von Sonatrach, Lukoil und Versalis die Rede ist, klingt es, als gehe es um allmächtige Götter. Die Raffinerie Sonatrach gehört dem algerischen Staatsunternehmen, die Chemiefabrik Sasol gehört Südafrikas zweitgrößtem Industrieunternehmen, Lukoil ist ein russischer Mineralölkonzern, und die Petrochemieanlage ISAB Nord gehört zu Versalis, der Tochtergesellschaft des italienischen Mineralöl- und Energiekonzerns ENI. Und jede hat ihren eigenen Gestank: Umweltschützer haben eine App entwickelt, die es möglich macht, die Art des wahrgenommenen Geruchs, seine Intensität und die ausgelösten körperlichen Beschwerden zu melden, um Kontrollen auszulösen. In den 1970er-Jahren gab es hier 20 000 Arbeitsplätze, für 2019 nannte der Unternehmerverband Confindustria noch die Zahl von 7500, inoffiziell wird sie bei 2000 vermutet – mit denen aber immer noch ein Umsatz erzielt wird, der fast so hoch ist wie das Bruttosozialprodukt von Malta. Jahrzehntelang trat die Industrie als Wohltäter auf, als großzügiger Pate, der den Kindern die Ferienlager finanzierte, zum Dreikönigsfest Geschenke verteilte und einen Sportplatz in Augusta baute – auf giftigem Pyrit, weshalb der Platz Jahre später, nachdem die Fußballmannschaft von Augusta gestorben war, geschlossen werden musste.

Don Palmiro Prisutto erinnert sich noch daran, wie verhalten die Pfarrer auf die ersten Proteste reagierten – schließlich bezahlte die Industrie auch das Feuerwerk an Mariä Himmelfahrt und die Sänger für das Gemeindefest. „Hier glaubt man nicht an Gott, sondern ans Geld", sagt Don Palmiro und zitiert das römische Sprichwort vom Dio quattrino, dem Gott der Viereinigkeit, weil neben Vater, Sohn und Heiligem Geist auch noch das Geld hinzukommt. „Wenn du ins Paradies willst, musst du dir Geld unter die Füße legen", sagt der Pfarrer. ➢

Don Palmiro ist in Augusta aufgewachsen – er war Zeuge, wie sich das Land und das Meer veränderten. „Ich habe die Fische sterben und die Flüsse verschwinden sehen." Auch in seiner Familie gab es Krebstote und Kinder, die missgestaltet zur Welt kamen. „Ich bin der Einzige in der Familie, bei dem noch kein Krebs festgestellt wurde. Aber es ist nur eine Frage der Zeit, wann mich das gleiche Schicksal trifft wie meine Schwestern und Brüder. Ich habe die Pflicht, die Stimme zu erheben für jene, die keine Stimme haben", sagt Don Palmiro. „Es sind Märtyrer, diese Toten. Wir wollen niemanden anklagen, wir wollen nur über unseren Schmerz sprechen."

Unten **Angela Bianchetti, 64. Bei einer Protestaktion kletterte sie auf einen Hochspannungsmast in Passo Vela, einem Stadtteil, der den Beinamen „Viertel der Perückenfrauen" trägt**

Etwa über den Schmerz einer Mutter wie Donatella. Die Asche ihrer Tochter steht in einer Urne im Wohnzimmer, Irene starb mit 22 Jahren an Lungenkrebs. Sie hatte nie geraucht und wollte Stewardess werden. Ihr Zimmer ist unberührt geblieben, mit den Teddybären, den Herzchen, dem kleinen goldenen Big Ben und der Pfundnote als Erinnerung an ihre London-Reise. Als Irene mit Kopfschmerzen zum Augenarzt ging, sagte er, dass diese Kopfschmerzen normalerweise ein Anzeichen für eine schlimme Krankheit seien. „Aber Sie, Signorina, sind zu jung, ich schließe ein schweres Krankheitsbild aus." Sechs Monate später war Irene tot. Todesursache: „Herzstillstand". Behandelt wurde sie in Pavia und Perugia, weil es in Ostsizilien kein Krankenhaus für Onkologie gibt. Eine Verbindung zwischen der Petrochemieanlage und der Krebserkrankung wurde nicht festgestellt.

„Darüber spricht keiner", sagt Donatella. Weil das, was ihrer Tochter passiert ist, kein Einzelfall ist, schloss sie sich den Aktivisten um Don Palmiro an, der Gruppe Comitato Stop Veleni („Komitee Stoppt das Gift"). Aber weil Siziliens Fatalismus hier so allgegenwärtig ist wie das Quecksilber im Meer, sagten ihr alle, dass ihr Engagement nichts ändern werde. 2006 entschied sich der

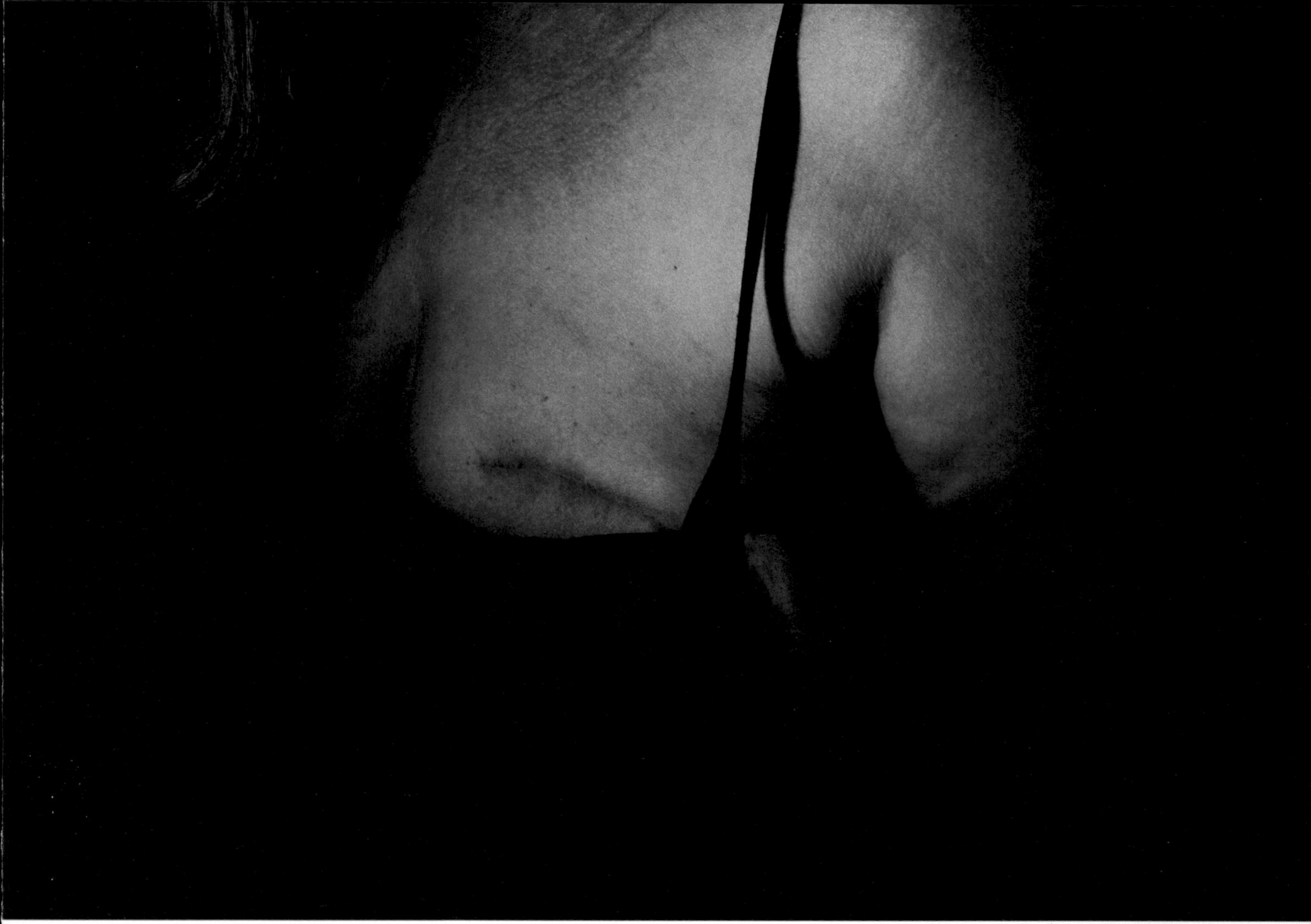

Oben **Angela Bianchettis Operationsnarbe. Sie hat ihre Brustkrebserkrankung überlebt und ist seither eine der führenden Aktivistinnen der Gegend**

Chemiekonzern Syndial, vormals EniChem, spontan dazu, in Priolo 100 Familien mit missgestalteten Kindern elf Millionen Euro zu zahlen – noch bevor es zu einem Urteil in der Entschädigungsklage gekommen war. Man könnte sagen: Die Bürger wurden gekauft. Der Anwalt, der die Entschädigungen für die Familien aus Priolo durchgesetzt hat, arbeitet heute für den Mineralölkonzern ENI. 2003, nach Einstellung der Ermittlung „Mare rosso" rund um die Quecksilbereinleitungen von EniChem in den Hafen von Augusta, kam heraus, dass der ermittelnde Staatsanwalt aus Syrakus ein enges Verhältnis zum Verteidiger des Chemiekonzerns pflegte.

Bald darauf machte das Gericht von Syrakus mit einem Skandal von sich reden, der in Italien bis heute als Sistema Siracusa bekannt ist: Politiker, Abgeordnete und Senatoren, Richter, Journalisten und Anwälte gerieten ins Visier der Ermittlungsrichter. Vorgeworfen wurden Gewalt und Drohungen gegen die Justiz, Diffamierung durch die Presse, Offenlegung von Amtsgeheimnissen, Korruption bei gerichtlichen Handlungen – bis sich das Ganze, dank großzügiger italienischer Verjährungsfristen, 2021 praktisch in nichts auflöst. Chemie- und Petrochemiekonzerne haben 70 Jahre lang straffrei Land, Luft und Meer verseucht.

In Gela, an der Südküste Siziliens, sind in unmittelbarer Nähe der inzwischen geschlossenen Petrochemie-

Lesen Sie bitte weiter auf Seite 27

Oben **Adriano Ferrigno, 28, kam mit einem verstümmelten Arm zur Welt.** *Rechte Seite oben* **Fußballspieler vor der Kirche Santa Maria Assunta, der früheren Wirkstätte des kämpferischen Pfarrers Don Palmiro.** *Darunter* **Donatella Saraceno, Aktivistin**

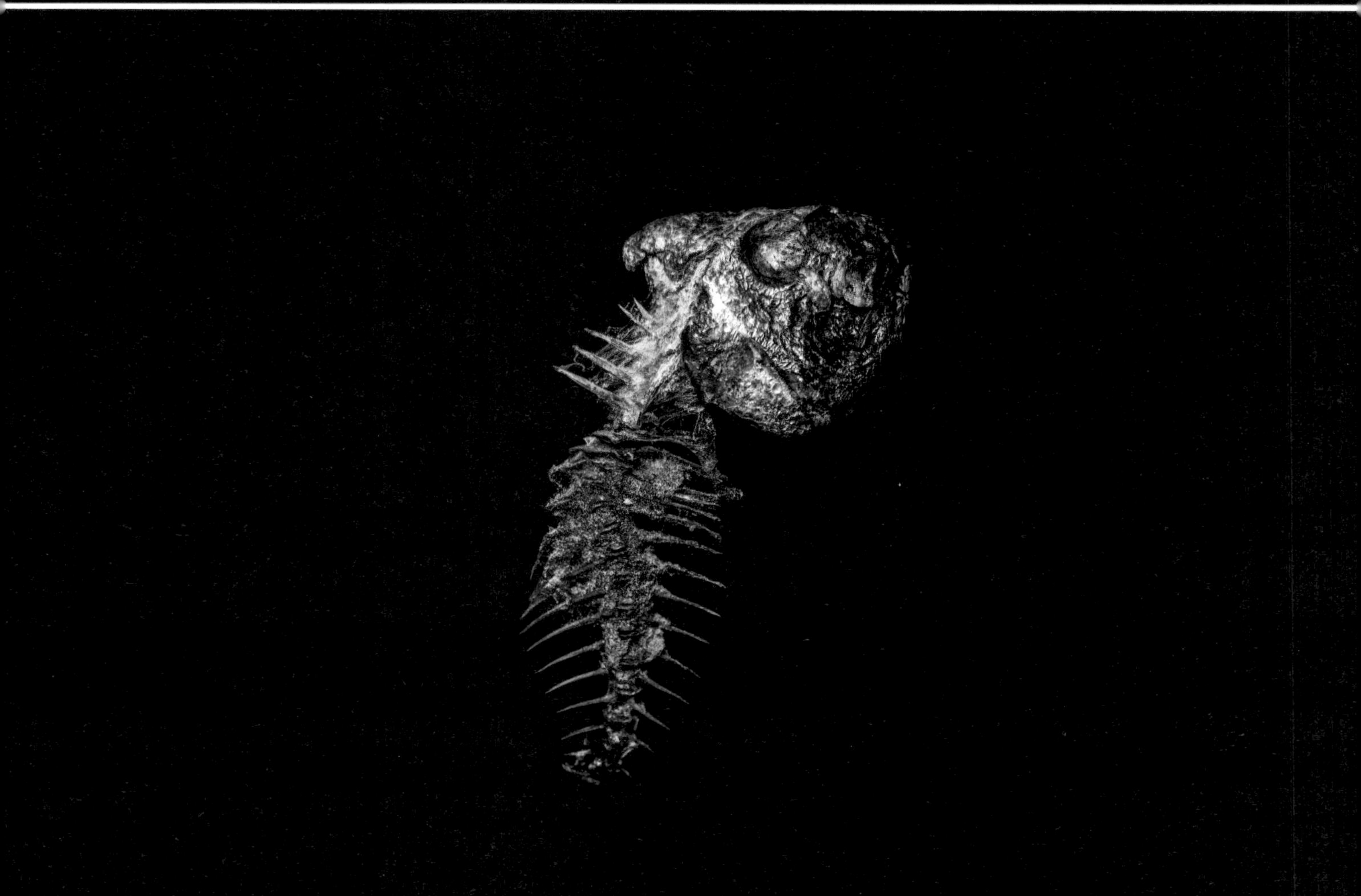

Linke Seite oben **Alfonso Pinto, Geograf, arbeitet an einem Multimediaprojekt über die Petrochemie in Sizilien.** *Darunter* **Skelett eines vor Augusta gefangenen Fischs mit nachgewiesenen morphologischen Veränderungen an der Wirbelsäule**

anlage des Mineralölkonzerns ENI in 15 Jahren 450 missgestaltete Kinder zur Welt gekommen – aber bis heute ist es keinem Verfahren gelungen, zu einem Urteil zu gelangen, das die kausale Verbindung zwischen der Verseuchung durch die Erdölraffinerie und den Tumoren und Missbildungen anerkennt. Auch Adriano Ferrignos Klage, der vor 28 Jahren mit nur einem Arm zur Welt kam, wurde abgewiesen. Sein Vater arbeitete bei ENI. Adriano – groß, sportlich und selbstbewusst – hat in Mailand Betriebswirtschaft studiert und ist nach Gela zurückgekehrt: „Ich will, dass diejenigen, die nach mir kommen, besser geschützt sind." Die Anwälte der Konzerne haben durchgesetzt, dass jeder Einzelfall den Zusammenhang zwischen der Arbeit in der Petrochemie und den Missbildungen beweisen muss. Adriano hat seine Klage in erster Instanz verloren und Berufung eingelegt. „Ich will, dass gesagt wird, wer die Schuld hat."

Die gleiche Erfahrung hat auch die paralympische Bogenschützin Kimberly Scudera gemacht, obwohl ein vom Gericht Catania beauftragtes Gutachten sie unterstützt. „Das Gremium des technischen Ausschusses ist der Auffassung, dass die Möglichkeit, dass die gespaltene Wirbelsäule von Kimberly Scudera durch das Vorhandensein von am Industriestandort produzierten Chemikalien in der Umwelt verursacht wurde, sehr real ist." Kimberly ist 24 Jahre alt – in ihrem Sport habe sie gelernt, alles um sich zu vergessen und sich allein auf das Ziel zu konzentrieren. Darauf, endlich Gerechtigkeit zu erlangen.

Das Problem der Umweltverschmutzung ist vor allem ein moralisches Problem, sagt Don Palmiro und zitiert Papst Franziskus' Enzyklika von 2016. Schließlich war es die Sozialenzyklika, die ihn dazu brachte, Priester zu werden. Als er 20 war und als Dreher in einer Industrieanlage arbeitete, fragten ihn die Arbeiter, ob er „baciato da dio" sei, von Gott geküsst, weil sie sich nicht vorstellen konnten, dass ein junger Mann Priester wird, weil er, wie Don Palmiro sagte, die Welt verändern wollte. „Wir atmen hier keine Luft ein, wir atmen den Tod ein", sagt er – und es sind Sätze wie diese, die ihm die Erzbischöfe von Syrakus übel nehmen.

Schon 2016 sollte Don Palmiro von seinem Pfarramt zurücktreten – kurz nachdem er zusammen mit der Umweltorganisation Legambiente die mit giftigem Sondermüll aus den ILVA-Hochöfen von Taranto beladenen Lastwagen gestoppt hatte, die zur Deponie von Melilli fuhren. Und genau wie sein Amtsvorgänger verfügte der jetzige Erzbischof von Syrakus im Sommer 2021, dass Don Palmiro sein Amt als Pfarrer von Augusta niederzulegen habe, weil die Gemeinde angeblich kein Vertrauen mehr in ihn habe. Don Palmiro aber gibt sich nicht geschlagen. Seine Sache wird Gegenstand eines Verfahrens des katholischen Kirchengerichts. Und da muss der Erzbischof nachweisen, worin das angebliche Misstrauen der Pfarrgemeinde besteht – die, kaum dass die Amtsenthebung bekannt wurde, eine Petition zur Verteidigung von Don Palmiro startete und einen Brief an den Papst

Pfarrer Don Palmiro Prisutto vor der Liste der an Krebs Verstorbenen seiner Gemeinde. Sie fasst bald 1000 Namen

schrieb: „Wir sind immer noch der Erpressung durch die Arbeitgeber ausgesetzt, was dazu führt, dass alle legitimen Forderungen zum Schutz der Gesundheit als ein Affront gegen die Industriellen angesehen werden. [...] Die Absetzung unseres Pfarrers ist nicht nur für einen klaren und gerechten Menschen wie Pater Palmiro eine Beleidigung, sondern auch für unsere Gemeinschaft, weil sie das Recht auf Leben, auf Gesundheit und auf Meinungs- und Redefreiheit verletzt." Kurz darauf wird Don Palmiro Prisutto mit einem Preis ausgezeichnet, den das italienische Außenministerium jährlich an Personen vergibt, die sich für den Schutz und die Förderung der Menschenrechte eingesetzt haben. „Ich habe meine Kirche mit hocherhobenem Kopf verlassen", sagt Don Palmiro.

Der Erzbischof versetzte ihn in den Wallfahrtsort Maria Santissima Mater dell'Adonai unweit von Augusta, einem Ort mit großer Symbolkraft – Zufluchtsort und Kultstätte für verfolgte Christen. Bis das Urteil nach kanonischem Recht über Don Palmiro gesprochen wird, liest er dort mit donnernder Stimme täglich seine Messe, die auch per Streaming übertragen wird. An jedem 28. des Monats gedenkt er der Krebstoten. Mit den Namen und den Lebensgeschichten der Opfer des „stummen Massakers".

Eigentlich ist Autorin Petra Reski schwer zu beeindrucken, was Umweltverschmutzung betrifft. Sie ist im Ruhrgebiet aufgewachsen und lebt seit 30 Jahren in Venedig, einer Stadt, neben der die ökologische Zeitbombe der Petrochemieanlage von Marghera tickt. Und dennoch hat sie der Einblick in dieses vergiftete Sizilien geschockt.
Fotograf Stefano Schirato lebt in Peschara und arbeitet unter anderem für die „New York Times" und „National Geographic". Er beschäftigt sich vorrangig mit politischen Themen. Die Bilder aus Sizilien sind Teil eines Langzeitprojekts über Umweltverschmutzung im Süden Italiens.

Träume

Fundstücke aus Kunst und Literatur

In vielen Gemälden des kanadischen Malers Matthew Wong (1984–2019) versteckt sich ein Mensch in einer Traumwelt aus üppig aufgetragenen Farben. Wong war Autodidakt und wurde in der New Yorker Kunstwelt als große Hoffnung gefeiert, er selbst beschrieb den Entstehungsprozess seiner Werke als eine Art Halluzination. Das Gedicht, das die deutsche Lyrikerin und Schriftstellerin Anja Kampmann (geboren 1983) dem Meer widmet, bricht mit der Fantasie einer Postkartenidylle und zeichnet ein umso stärkeres, dennoch sehnsuchtsvolles Bild von ihm und seinen Facetten. Der österreichische Schrifsteller Christoph Ransmayr (geboren 1954) begibt sich mit all seiner Vorstellungskraft unter Wasser und lässt seine Figuren einen seltsamen Albtraum erleben. Die Damen und Herren, denen er das Wort schenkt, haben sich allesamt, obgleich vormals wasserscheu, in Meerestiere verwandelt. Herr Blueher etwa, einst Museumswärter, ertastet sein neues Leben als Großflossen-Riffkalmar. *mw*

Anja Kampmann

Versuch über das Meer

Es soll um den Horizont gehen den
Farbauftrag der Ferne das helle Knistern
der Flächen von Licht und die Verbreitung
des Lichts wie es sich aufbäumt das Meer
in seiner weiten Brust der Faulschlamm
der Fischmehlfabriken das Meer der romantischen
Feuer an den Kiesstränden Reisende
die sich für immer verlieren
in einer Aussicht das Meer in den Häfen, den Docks
den Containerarealen das Meer züngelnd
unter Kränen die nachtwärts
das Heimweh hieven das Meer der Muränen
lauernd hinter einem Stein
das Meer der Tiefe verborgen ein Suchbild
für die Träume vom Meer
die im Meer verschwunden sind grundlos
die Gräben darüber ein Mosaik aus Flocken
strömendes zähes Feld aus Dreck das Meer
das so gut verborgen ist japsend nach Luft in
seiner weiten Brust nach sich selbst
schnappend.

Christoph Ransmayr

Aus: Damen & Herren unter Wasser

Gelegentlich sind mir die wechselnden Farben meiner Haut und ihre Bedeutungen bereits näher, viel näher als die Silben einer Sprache, die sich allmählich auflösen in jenem symphonischen, bloß die oberen Wasserschichten durchdringenden Geräusch, mit dem sich die Dünung an den Riffen bricht und die gebrochenen Wellen Steine gegen die Küstenlinie schieben und rollen, bevor der Sog des zurückströmenden Wassers alles Schwemmgut wieder mitnimmt und fallen lässt, hinab in die Tiefe.

Manchmal wird mir, was einmal Sprache war, bloß zum nackten Geräusch. Dann versuche ich, mir meine Geschichte oder zumindest Teile davon in Geräuschen zu erzählen, die unhörbar bleiben für die Ohren von Luftweltlern und natürlich auch unverständlich gemäß jeder Logik, der mein Leben einmal folgte.

[…]

Nur in meinen Träumen, wenn eine sanfte Strömung mich in eine Art Trance als erholsamen Ersatz für meinen alten Schlaf wiegt – und seit Neuestem auch in meinen wissenschaftlichen Betrachtungen! –, kehrt vieles noch einmal zurück, Worte, auch Namen aus meinem Leben vor der Verwandlung und dem Weg in die Tiefe. Dann kann es durchaus geschehen, dass mich über Stunden ein verzehrendes Heimweh nach der Oberwelt plagt. Manchmal bin ich dann sogar den Tränen nahe. Aber ein Kalmar kann nicht weinen.

Wenn ich in jenen Zeiten, in denen ich noch im Schmuck einer tiefblauen, aber schweißtreibenden Uniform flämische Traumlandschaften und mit feinsten Marderhaarpinseln gemalte Paradiesgärten bewachte, geahnt hätte, dass Meerwasser, Salzwasser, Tränenwasser! einmal zum Medium meiner Existenz werden würde … Ich hätte schon die bloße Aussicht darauf für den Weg zur Hölle gehalten. Obwohl ich weiß, dass Erinnerungen selbst an die schlimmsten Qualen irgendwann blass und erst wieder deutlich zu werden beginnen, wenn die Tortur von Neuem droht, habe ich doch zu keiner Zeit und in keiner Gestalt meines Lebens vergessen, wie sehr ich an der Luft unter plötzlichen Wallungen, unbeherrschbaren Schweißausbrüchen, ja geradezu Verflüssigungen gelitten habe.

Matthew Wong
„Ein Traum“, 2018,
Öl auf Leinwand, 61 mal 50,8 Zentimeter, Privatbesitz

Das Gerät des Mr. Irwin

Wie bestimmt man auf dem Meer seine exakte Position? Das ist im 18. Jahrhundert ein ungelöstes Problem. Zur Klärung der Frage lobt die Politik horrende Preisgelder aus. Gewinnt ein spezieller Stuhl?

Von Wolfgang Köberer

Man schrieb das Jahr 1759. Seit drei Jahren tobte der – später als der „Siebenjährige" bezeichnete – Krieg zwischen Großbritannien mit dem Verbündeten Preußen und den Alliierten Habsburg, Frankreich, Russland und Schweden um die Vorherrschaft in Europa und in den Kolonien in Nordamerika. Da die Kämpfe auf fast allen Kontinenten – in Nordamerika, Europa, Indien und Südostasien – stattfanden, war es in Grunde genommen der erste Weltkrieg.

Der Inselstaat England führte den Krieg vor allem als Seekrieg. Allerdings hatte er schlecht begonnen, da die französische Flotte im Mai 1756 Menorca eingenommen hatte. Der britische Admiral John Byng, der mit seiner Flotte diese Invasion hätte verhindern sollen, wurde wegen Feigheit vor ein Kriegsgericht gestellt, in einem umstrittenen Verfahren zum Tod verurteilt und an Bord seines Flaggschiffs erschossen. Andererseits wurde die französische Invasionsflotte drei Jahre später in der Schlacht von Quiberon vernichtet, wodurch nicht nur die geplante französische Invasion verhindert, sondern auch die britische Seehoheit in europäischen Gewässern gesichert war.

Für die britische Flotte und ihre Schiffe, die in Übersee operierten und auch in europäischen Gewässern sich weit überwiegend auf See befanden, war neben überragender Kampfstärke vor allem eines von Bedeutung: die Kenntnis, wo sich das Schiff befindet, also seine geografische Position. Eine relativ genaue Breitenbestimmung war zwar – mithilfe von Quadranten, dann Astrolabien, Jakobsstäben und Davisquadranten, schließlich Sextanten – seit mindestens zwei Jahrhunderten möglich. Für die genaue Position auf der Seekarte war aber zusätzlich eine Längenangabe nötig, die bis weit ins 18. Jahrhundert nur durch Gissung – die Koppelrechnung aus gesegeltem Kurs und zurückgelegter Distanz – ermittelt werden konnte. Da die geografische Länge einfach definiert ist als der Zeitunterschied zwischen dem Ortsmeridian und einem Ursprungsmeridian (vereinbart seit 1884,

verbindlich seit 1913 der Meridian von Greenwich), war die Lösung theoretisch einfach: Man musste nur die Zeit am Referenzmeridian kennen und mit der lokalen Zeit vergleichen, voilà – die Länge.

Die zu finden war Europas Herrschern eine Menge Geld wert. In Spanien setzte Philipp II. 1598 einen Preis aus, die kühl rechnenden holländischen Generalstaaten lobten schon 1600 für die Lösung des Längenproblems 30 000 Florin aus, und 1714 erließ Queen Anne kurz vor ihrem Tod noch das nach ihr benannte Gesetz, das einen Höchstbetrag von 20 000 Pfund für eine brauchbare Lösung versprach. Die Aussicht auf einen solch enormen Betrag, der heute nominell drei Millionen Pfund Sterling entspräche, führte schon bald in ganz Europa zu einer Flut von – oft nicht neuen, zumeist aber unbrauchbaren – Lösungsvorschlägen.

Theoretisch war die Kenntnis der Zeit am Referenzmeridian in zweierlei Weise zu erlangen. Man konnte sie einfach mitnehmen, indem man eine Uhr mit der Referenzzeit mitnahm (diesen Uhrentransport hatte schon Gemma Frisius 1530 vorgeschlagen, als es seit wenigen Jahren tragbare Uhren gab, die allerdings noch mehrere Jahrhunderte lang nicht genau genug gingen) oder man konnte einen Himmelskörper lokal beobachten, dessen Bewegung und zeitgenaue Position am Himmel man für den Referenzort aus astronomischen Almanachen entnehmen konnte. Besonders geeignet dafür war – wegen seiner schnellen Bewegung am Fixsternhimmel (ein halber Grad pro Stunde) – der Mond; Johann Werner hatte schon 1514 eine Längenbestimmung mittels der Beobachtung von Winkelabständen zwischen Mond und bestimmten Sternen vorgeschlagen. Als dann nach der Erfindung des Fernrohrs die Jupitermonde entdeckt wurden, die den Planeten in schöner Regelmäßigkeit – quasi wie von einem Uhrwerk gesteuert – umkreisen, schlug Galileo Galilei im September 1612

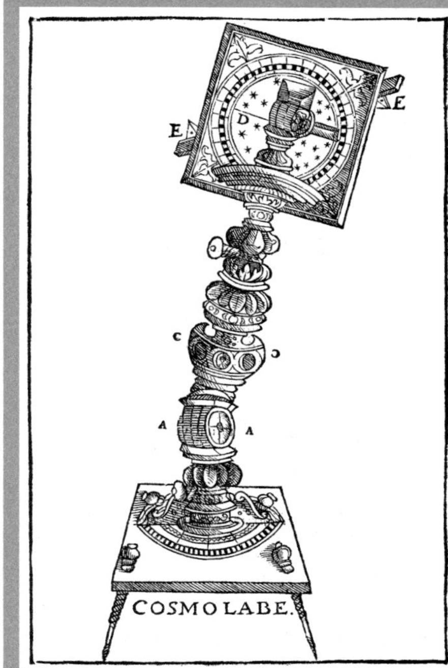

Linke Seite **Schiff mit einem kardanisch aufgehängten Beobachtungssitz, Illustration aus: Jacques Besson, „Le Cosmolabe", 1567.** *Oben* **Der „Cosmolabe", das neu erfundene astronomische Messgerät. Damit wollte Besson den genauen Schiffsort bestimmen**

vor, die regelmäßigen Bewegungen und Verdunkelungen der Jupitermonde zur Längenbestimmung auf See zu nutzen.

Daraus wurde allerdings mehr als anderthalb Jahrhunderte nichts. Im Gegensatz zur praktischen Anwendung an Land, wo etwa in Frankreich gegen Ende des 17. Jahrhunderts die Längenbestimmung durch Beobachtung der Jupitermonde zur Methode der Wahl wurde, setzten die Verhältnisse an Bord dem Einsatz der Methode fast unüberwindliche Grenzen. Das Sichtfeld durch ein Fernrohr ist wegen der für die genaue Beobachtung etwa des Verschwindens eines Jupitermonds hinter dem Planeten notwendigen Vergrößerung klein. Jupiter und die Trabanten wandern daher wegen der Schiffsbewegung ständig aus dem Blick. Die Fernrohre konnten an Bord selbst eines großen Schiffs nicht ruhig genug gehalten werden.

Damit sind wir anno 1759. In diesem Jahr ist im „London Magazine: Or, Gentleman's Monthly Intelligencer" über einen gewissen Christopher Irwin die erstaunliche Nachricht zu lesen, er habe „die Länge gefunden": die angebliche Lösung des Problems mithilfe der Beobachtung der Bewegungen der Jupitermonde – und zwar sitzend, von einem ganz besonderen Stuhl aus. Sein „marine chair" sei an Bord verschiedener Schiffe getestet worden. Prince Edward, der Bruder des Königs, sei selbst gekommen und habe sich in den Seestuhl gesetzt, und sein Mathematiklehrer Blair habe, nachdem er das Teleskop benutzt habe, gerufen „This will do, this will do". Der Positionsfehler sei nicht größer als sieben bis 15 Meilen gewesen, also weniger, als der berühmte Längenpreis verlangte. Ein Jahr später veröffentlichte Irwin eine Schrift, in der er seine Methode der Längenbestimmung und zwei Lösungsvorschläge anpries: seinen „marine chair" und einen Almanach für die Jupitermonde. 1758 hatte er auch schon ein Patent auf seinen Beobachtungsstuhl als „New-Invented Marine Observatory" angemeldet. Und seine beharrliche Lobbyarbeit hatte schließlich Erfolg. In einem Brief vom 17. August 1762 bewilligten die Commissioners des Board of Longitude, der staatlichen Längenkommission, Irwin einen Zuschuss von 500 Pfund – immerhin 75 000 Pfund Sterling nach heutigem Wert – zu den Kosten der Fertigung eines verbesserten Seestuhls. Zur Begründung verwiesen sie besonders auf die positive Stellungnahme Lord Howes aus dem Jahr 1759, immerhin ein Held der entscheidenden Schlacht in der Bucht von Quiberon.

Irwins Idee war allerdings nicht neu, was dem Board nicht aufgefallen zu sein scheint. Jacques Besson hatte schon in seinem Buch „Le Cosmolabe" (1567) einen kardanisch aufgehängten Beobachtungssitz beschrieben, in dem ein Beobachter mit seinem Cosmolabe den Schiffsort angeblich bestimmen konnte. Immerhin erregte Irwins Seestuhl auch im Ausland einiges Interesse. So besuchte 1759 der schwedische Astronom Bengt Ferner die Londoner Werkstatt des Instrumentenbauers Jeremiah Sisson, der ein Exemplar von Irwins „marine chair" gefertigt hatte. Diesen Stuhl besah sich ebenfalls der französische Astronom Jérôme Lalande anlässlich eines Besuchs in London, bei dem er sich über die englischen Fortschritte in der Navigation informierte und auch von John Harrison dessen Chronometer gezeigt bekam (der mit der Entwicklung einer exakten Uhr das Längengradproblem schließlich lösen sollte; mare No. 28 und No. 103). Und auch Georg Christoph Lichtenberg, Professor für Physik, Mathematik und Astronomie in Göttingen, befasste sich später angelegentlich in Briefen und seinen Vorlesungen mit Irwins Seestuhl, wenn auch ironisch als Mittel zur Vermeidung von Seekrankheit.

1763 war es dann – nach Beendigung des Kriegs – so weit. Gleich zwei Seestühle wurden am 13. September mitsamt den zur Beobachtung der Jupitermonde nötigen Instrumenten an Bord der „Princess Louisa", einem 60-Kanonen-Schiff, gebracht. Ebenso an Bord ging Christopher Irwin selbst sowie ein gewisser Nevil Maskelyne, zwei Jahre später zum Königlichen Astronomen in Greenwich ernannt und Schöpfer des „Nautical Almanac", und sein Assistent Charles Green, die die praktische Brauchbarkeit der Monddistanzmethode mithilfe der Tafeln des deutschen Astronomen Tobias Mayer und des Irwinschen Seestuhls prüfen sollten.

Die beiden Seestühle bestanden den Test nicht. Als sich am 8. Oktober in einer sternenklaren und ruhigen Nacht die erste Gelegenheit zur Beobachtung der Bedeckung eines Jupitermonds ergab, stellte sich heraus, dass auch unter diesen günstigen Bedingungen Jupiter und sein Mond sich so schnell im Blickfeld des Teleskops hin und her bewegten, dass eine präzise Zeitnahme unmöglich war. Lediglich ein einziges Mal gelang Green eine brauchbare Beobachtung – nur dass Maskelyne gleichzeitig ohne Seestuhl von Deck aus gleichfalls die Bedeckung zufriedenstellend observierte. Angesichts dieser wenig versprechenden Ergebnisse verzichteten Maskelyne und Green während der zweiten Hälfte der Reise auf weitere Versuche. In einem Brief an seinen Bruder Edmund im Dezember 1763 schrieb Maskelyne dann: „Das Gerät meines Freunds Irwin erweist sich als bloße Spielerei und zeigt sich nicht im Mindesten nützlich für seinen Verwendungszweck." Gleiches teilte Maskelyne in einem Brief am 22. Dezember dem Board of Longitude mit.

In anderen Ländern ließ man sich aber anscheinend nicht von Irwins augenscheinlichem Misserfolg davon abhalten, es selbst zu versuchen. In Frankreich etwa führte Mathematikprofessor François-Marie Fyot wenige Jahre später seine „Chaise marine" vor; sie wurde sogar auf einer einjährigen Reise der Fregatte „La Flore" 1771 unter dem Kommando von Jean-Charles de Borda, einem der herausragenden Hydrografen und Navigatoren Frankreichs, getestet. Dessen Urteil war – wie das in England – vernichtend. Der Seestuhl des Monsieur Fyot habe ihn nicht zufriedengestellt. Darüber hinaus bezweifele er, dass man jemals mit Geräten dieser Art Erfolg haben werde.

Auch im 19. Jahrhundert wurden dem Board of Longitude Vorschläge für Seestühle unterbreitet, etwa von Sir Joseph

Seestuhl auf einer Boje. Mit diesem speziellen „marine chair" wollte William Chevasse beim Board of Longitude reüssieren. Er illustrierte seine Erfindung mit einem Aquarell

Senhouse, dem Fähnrich Peter Lecount und dem Leutnant der East India Company William Chevasse, der seinen Seestuhl nicht an Bord, sondern auf einer dafür ausgerüsteten Boje platzieren wollte und dies mit einem Aquarell illustrierte. Allerdings gelangte keiner dieser Entwürfe über das Vorschlagsstadium hinaus. Aber „Zombie-Ideen“ sind anscheinend nicht totzukriegen. Noch 1943 ließ sich Frederick Hagner, der schon vorher Geräte zur analogen Berechnung von Schiffspositionen entworfen hatte, einen Beobachtungssitz patentieren, dessen Verwandtschaft mit einem fast 400 Jahre älteren Entwurf ins Auge sticht.

Literarische Auferstehung feierte der „marine chair“ allerdings noch 1977, als Patrick O’Brian den Helden seiner historischen Romane, Kapitän Jack Aubrey, auf dem Weg nach Mauritius einen selbst konstruierten schwingenden Sitz für die Beobachtung der Jupitertrabanten erproben lässt, jedoch mit an die Bemerkungen von Maskelyne erinnernden enttäuschenden Ergebnissen:

„Weder die Theorie (die keineswegs neu war) noch das Teleskop war fehlerhaft: Es war der an der Großmarsstenge ausgeklügelt beschwerte Hängesitz, den er zum Ausgleich der Roll- und Nickbewegung des Schiffes entworfen hatte, der trotz seiner Verbesserungen nicht funktionierte. Und Nacht für Nacht pendelte er da fluchend, umgeben von Midshipmen mit Schrubbern, deren Aufgabe es war, die Schwingungen durch sanfte Stöße auf Kommando zu dämpfen.“

Damit ist das Kapitel „marine chair“ beendet. Sie finden sich im 20. Jahrhundert nur noch als nicht kardanische „deck chairs“ auf Passagierschiffen, von denen aus man das Meer betrachten, aber keine Gestirne mehr beobachten kann.

Wolfgang Köberer, Jahrgang 1949, arbeitet seit mehr als 30 Jahren als Strafverteidiger in Frankfurt und beschäftigt sich ebenso lange mit der Geschichte der Navigation. Im Zusammenhang mit einer Recherche zu deutschen Beiträgen zur Lösung des Längenproblems stieß er auf die „Seestühle“, ein wenig bekanntes Kapitel in der Geschichte der Geräte für die astronomische Navigation.

DIE ENTFÜHRUNG DES KREUZFAHRTSCHIFFS

ACHILLE LAURO

550 Geiseln, vier palästinensische Terroristen, 51 Stunden: Das Drama um den italienischen Luxusdampfer „Achille Lauro" im Oktober 1985 endete mit einem Mord und löste internationale diplomatische Spannungen aus

VON CAY RADEMACHER

Linke Seite **Ein Terrorist bedroht die Geisel Leon Klinghoffer, Illustration von Tomer Hanuka**

GENUA

MITTWOCH, 2. OKTOBER 1985. LEON und Marilyn Klinghoffer sind bereits vom Schicksal gezeichnet, als sie an Bord der „Achille Lauro“ gehen. Der 69-jährige Inhaber einer kleinen Firma für Haushaltsgeräte in Manhattans Lower East Side ist nach zwei Schlaganfällen halbseitig gelähmt. Seine Frau schiebt ihn im Rollstuhl auf das Schiff, obwohl sie selbst von Darmkrebs geschwächt ist. Trotzdem sind sie optimistisch. Diese Kreuzfahrt haben sie sich zum 36. Hochzeitstag und zu Marilyns 58. Geburtstag geschenkt. Elf Tage Mittelmeer! Genua, Neapel, Port Said, Alexandria, Ashdod, Genua!

Die „Achille Lauro“ ist elegant, 192 Meter lang, gut 23 000 Bruttoregistertonnen groß. Die Passkontrolle ist eine Formalie, vermutlich fällt den beiden nicht einmal auf, dass ihr Gepäck gar nicht erst überprüft wird. Was die 748 Passagiere in ihren Koffern auf den Ozeanliner bringen, scheint niemanden zu interessieren – obwohl es durchaus seltsame Mitreisende gibt. Dem Cruise Manager Max Fico fallen vier Männer auf, untypisch jung für eine derartige Kreuzfahrt, kaum älter als 20. Sie haben gemeinsam Kabine 82 auf dem Zwischendeck gebucht, obwohl zwei Männer ihren Pässen nach Argentinier sind, einer ist Portugiese, der vierte Norweger. Als ein Mitpassagier die Argentinier auf Spanisch anspricht, antworten sie nicht – als verstünden sie gar kein Spanisch. Aber da ihre Pässe in Ordnung zu sein scheinen, gelangen sie ohne weitere Prüfung auf das Kreuzfahrtschiff.

Tatsächlich jedoch werden diese vier Männer schon bald Tod und Verderben bringen, die Familie Klinghoffer in ihre ganz persönliche Hölle stoßen und die Reise der „Achille Lauro“ zu einer der berüchtigsten Kreuzfahrten aller Zeiten machen.

Überhaupt ist sie ein Unglücksschiff in einer unglückseligen Zeit. 1965 kauft sie der italienische Reeder Achille Lauro und benennt sie nach sich selbst. Seit Mitte 1985 betreibt die Chandris Line den Ozeanliner für günstige Kreuzfahrten. 1953 kollidiert die „Achille Lauro“ im Roten Meer mit einem niederländischen Schiff, 1965 und 1972 brechen bei Wartungsarbeiten Feuer aus, 1975 rammt sie in den Dardanellen einen libanesischen Frachter, 1981 lodern, diesmal während einer Kreuzfahrt, schon wieder Flammen im Maschinenraum. Die meisten Passagiere ahnen davon sicherlich nichts. Aber zumindest Kapitän Gerardo de Rosa ist durchaus bewusst, dass er einen betagten und technisch anfälligen Dampfer führt, und zwar an die Küsten Ägyptens und Israels und damit mitten hinein in eine der unruhigsten Weltgegenden.

Der Nahostkonflikt durchläuft 1985 eine besonders blutige Phase. Radikale Palästinenser haben in diesem Jahr bereits Attentate unter anderem in Paris, Madrid, Athen und Rom verübt. Auf Zypern ermorden sie drei israelische Touristen, woraufhin die Israelis das PLO-Hauptquartier in Tunis bombardieren. Dieser scheinbar ewige Schlagabtausch setzt vor allem die US-Regierung unter Druck. Präsident Ronald Reagan stellt sich als Hardliner dar und verspricht, dass sein Land nach einem Attentat „prompt und wirkungsvoll zurückschlagen“ werde. Das Gegenteil ist der Fall: Seit seinem Amtsantritt sind mehr als 300 Amerikaner bei nahöstlichen Attentaten getötet worden, ohne dass Washington eine wirkungsvolle Gegenmaßnahme ergriffen hätte. „Tough talk, but no big stick“, lautet eine der Schlagzeilen in der heimischen Presse.

Innerhalb der PLO organisiert vor allem der ehemalige Lehrer Muhammad Zaidan, der sich den Kampfnamen Abu Abbas gegeben hat, viele Attentate. Er kämpft seit zwei Jahrzehnten im Untergrund, ist in der UdSSR militärisch ausgebildet worden und hat innerhalb der PLO seine eigene Terrortruppe gegründet, die PLF. Seine Leute fallen durch besondere Brutalität auf – so erschlägt ein PLF-Terrorist 1979 ein vierjähriges israelisches Mädchen mit dem Gewehrkolben.

Anfang 1985 stellt Abu Abbas ein neues Kommando zusammen: vier junge Männer, alle in Lagern außerhalb Palästinas geboren. Ihr Anführer ist der 23-jährige Joussef Magied Molqi, schon als Teenager der PLF beigetreten. Seine drei Gefolgsleute sind 19, 20 und 23 Jahre alt.

Molqi und die anderen sind jene vier seltsamen Männer aus Kabine 82 – und sie kennen die „Achille Lauro“ schon ziemlich gut, bevor sie das erste Mal einen Fuß an Bord gesetzt haben. Seit mehreren Monaten beobachten sie den Ozeanliner und seine Crew, wann immer sie im Heimathafen Genua sind. Ihr Auftrag: mit der „Achille Lauro“ bis Ashdod zu fahren und in Israel einen Anschlag zu verüben. Ein Cousin von Abu Abbas schmuggelt mit einer Fähre aus Tunis Waffen nach Italien, die Maschinenpistolen und Handgranaten sind im Benzintank seines Autos versteckt. Sie stinken noch nach Treibstoff, als Molqis Kommando sie an Bord schmuggelt. Manchen Crewmitgliedern fällt der unangenehme Geruch ihres Gepäcks zwar auf, aber niemand tut irgendetwas.

Sonntag, 6. Oktober. Die „Achille Lauro“ hat längst die Straße von Messina durchquert und kreuzt inzwischen im östlichen Mittelmeer. Es ist warm, das Meer außergewöhnlich ruhig. Viele Passagiere sonnen sich an Deck oder neben einem der beiden Pools. Die Klinghoffers feiern Marilyns Geburtstag.

MONTAG, 10 UHR

651 Passagiere gehen in Alexandria von Bord, um per Bus die Pyramiden zu besuchen. Die „Achille Lauro“ soll sie abends im gut 220 Kilometer östlich gelegenen Port Said wieder aufnehmen. Die 14 Stunden dazwischen plant Kapitän de Rosa in gemächlichem Tempo die ägyptische Küste entlangzufahren. Er hat jetzt noch 97 Passagiere – unter ihnen die Klinghoffers, die zu gebrechlich für die Busreise durch die Wüste sind – und etwa 450 Besatzungsmitglieder an Bord. Um 13.30 Uhr holen Molqi und seine drei Genossen Kalaschnikows und Handgranaten aus ihrem Gepäck und bearbeiten sie mit dem Föhn in ihrer Kabine, in der Hoffnung, endlich den Treibstoffgestank aus den Waffen zu bringen. In diesem Augenblick öffnet ein Steward ohne anzuklopfen die Tür, um Obst zu bringen. Er starrt auf die Waffen – und Molqi reagiert sofort.

Die Terroristen stürmen am fassungslosen Steward vorbei bis zum Speisesaal, in dem sich die meisten der noch an Bord verbliebenen Passagiere aufhalten. Schüsse in die Luft, arabische Kommandos, Panik. Die Passagiere werfen sich zu Boden. Einer der Hijacker hält zwei Maschinenpistolen hoch, die Passagiere müssen sich wieder hinsetzen, ein Palästinenser zwingt zwei Frauen Handgranaten in die Hände, deren Sicherungsstift er gelöst hat. Wenn sie die fallen lassen, werden sie explodieren. Marilyn Klinghoffer, die von ihrer Krankheit geschwächt ist und zu Boden sinkt, wird mit dem Gewehrkolben hochgeprügelt. Vermutlich sind die Angreifer kaum weniger verwirrt als ihre Opfer. Molqi hat nach der Entdeckung improvisiert und weiß gar nicht, was er nun tun soll. Wahrscheinlich – sicher ist das nicht, denn darüber hat er später nie ausgesagt – will er erst einmal die „Achille Lauro" unter seine Kontrolle zwingen und dann Kontakt mit Abu Abbas aufnehmen, damit der ihm sagt, wie es weitergehen soll.

Kapitän de Rosa ist in seiner Kabine, als der Überfall beginnt. Kurz danach hört er eine panische Durchsage über Bordlautsprecher: Kapitän auf die Brücke! Als de Rosa dort eintrifft, starrt er in die Mündung von Molqis Kalaschnikow. Er befiehlt ihm, Kurs auf den syrischen Hafen Tartus zu nehmen, 480 Kilometer nordöstlich der „Achille Lauro". Die Hijacker treiben nun die Passagiere aus ihren Kabinen und dem Speisesaal in die auf dem Promenadendeck gelegene Arazzi Lounge. Schließlich stellt Molqi noch einige Kanister zwischen die Passagiere in der Lounge und behauptet, dass sie Benzin enthielten und er sie jederzeit anzünden könne – eine fürchterliche Drohung. Kapitän de Rosa sendet heimlich einen Notruf und nimmt dann Kurs auf Syrien.

Von Tunis aus schickt PLO-Führer Jassir Arafat kurz darauf zwei Männer zu „Verhandlungen" nach Ägypten – einer der beiden ist ausgerechnet Abu Abbas. Es ist unklar, ob Arafat in diesem Augenblick noch nicht weiß, dass Abu Abbas hinter der Entführung steckt. Oder ob er, ganz im Gegenteil, genau im Bild ist und ihn gerade deshalb nach Ägypten entsendet. In Washington ist es 6.15 Uhr morgens, als die ersten Nachrichten von der CIA eintreffen: Ein unidentifiziertes italienisches Schiff habe im Mittelmeer SOS gesendet und sei entführt worden. Präsident Reagan wird informiert, zugleich bilden mehrere Spezialisten im Weißen Haus die Terrorist Incident Working Group, die die amerikanische Reaktion koordinieren soll. An führender Stelle: Lieutenant Colonel Oliver North, ein Terrorspezialist mit dubiosen Methoden.

North und seine Kollegen haben keine Schwierigkeit, Reagan von einer harten Haltung zu überzeugen. Sie erfahren bald, dass die „Achille Lauro" und mit ihr amerikanische Passagiere in der Hand von Palästinensern sind. Niemand aber kann zu dieser Stunde sagen, wo genau der Ozeanliner kreuzt und was die Täter eigentlich vorhaben. Trotzdem wird die US-Flotte im

Die „Achille Lauro" vor Port Said in Ägypten, Oktober 1985

Leon Klinghoffer (unten links) und seine Frau Marilyn (sitzend) auf der „Achille Lauro". Dort feiern sie ihren 36. Hochzeitstag und Marilyns 58. Geburtstag

Mittelmeer alarmiert, und Spezialeinheiten der Navy Seals und der Delta Forces fliegen noch am selben Tag zur britischen Basis Akrotiri auf Zypern. Dieses Attentat ist das eine Attentat zu viel – diesmal wird die Regierung mit Gewalt antworten.

Dienstag, 8. Oktober, morgens. Molqi hat sich von der Crew die Pässe der Passagiere geben lassen. Anhand der Namen versucht er herauszufinden, wer jüdischen Glaubens ist. Schließlich wählen die Entführer zwölf Amerikaner, ein älteres österreichisches Ehepaar und aus unerfindlichen Gründen die sechs britischen Tänzerinnen aus, die in der Lounge auftreten. Die 20 müssen den Raum verlassen und bis auf das Lido Deck unterhalb der Brücke gehen, wo sie sich zwischen Benzinkanistern hinlegen. Marilyn Klinghoffer gehört zu ihnen, nicht jedoch ihr Mann. Als sie ihn trotzdem mitschieben will, stößt einer der Täter sie grob fort, hält ihr die Maschinenpistole an den Kopf und sagt in gebrochenem Englisch: „Wir kümmern uns um ihn."

DIENSTAG, 11 UHR

Tartus liegt jetzt voraus, die „Achille" Lauro läuft jedoch nicht ein. Molqi lässt sich per Funk mit der syrischen Regierung verbinden. Jetzt erst geben sich die Entführer als PLF-Kommando zu erkennen. Und jetzt erst stellen sie Forderungen, deren wichtigste die Freilassung von 50 Palästinensern aus israelischen Gefängnissen ist – unter ihnen jener Mann, der das israelische Mädchen mit dem Gewehrkolben erschlug. Dazu das Ultimatum: „Wir werden ab exakt drei Uhr nachmittags anfangen, Geiseln zu erschießen!" Doch Regierungschef Hafiz al-Assad, der sich zuvor mit Washington und Rom (die „Achille Lauro" fährt unter italienischer Flagge) abgestimmt hat, antwortet nicht. Auch aus Israel kommt keine Reaktion.

15 Uhr. Molqi befiehlt dem Kellner Manuel De Souza, Leon Klinghoffer aus der Arezzi Lounge bis zum Heck des Schiffs zu schieben. Er geht mit ihm. Die drei anderen Hijacker treiben die 20 abgesonderten Passagiere anschließend vom Lido Deck zurück in die Lounge. Als Marilyn Klinghoffer bemerkt, dass ihr Mann fehlt, macht einer der Täter ihr weis, der fühle sich unwohl und sei auf die Krankenstation gebracht worden.

Tatsächlich schiebt De Souza den alten Mann bis an das Deck am Heck, dann

muss er sich in einen Gang der Aufbauten zurückziehen. Das, was nun geschieht, weiß nur der Mörder, und deshalb sind bis heute kaum Details bekannt. Molqi jedenfalls schießt, offenbar ohne zu zögern und aus nächster Nähe, Leon Klinghoffer eine Kugel in den Kopf und eine in die Brust. Der Sterbende kippt mit dem Gesicht vornüber aus dem Rollstuhl und schlägt auf das Deck. Die Passagiere hören von der Lounge aus zwei Schüsse und kurz darauf, wie etwas Schweres in die Wellen klatscht, mehr nicht.

Warum ausgerechnet Leon Klinghoffer? Er ist Amerikaner, er ist Jude – und er ist behindert. Molqi wird später aussagen: „Weil er Invalide ist. Das zeigt, dass wir kein Mitleid haben." Da er bis zu diesem Moment noch keinen Kontakt zu Abu Abbas hatte, ist es letztlich die Tat eines jungen, ratlosen Gewalttäters, der einen Ozeanliner entführt hat, aber nun nicht mehr weiß, was er tun soll.

Gegen 15.05 Uhr. Molqi erscheint auf der Brücke. Kapitän de Rosa bemerkt Blutspritzer auf dessen Hose. Der Entführer reicht ihm Klinghoffers Pass, hebt einen Finger und sagt: „Bum, bum!" Dann übergibt er ihm auch noch den Pass einer amerikanischen Passagierin und macht klar, dass sie als nächste getötet werden würde.

Er lässt sich mit der syrischen Regierung verbinden und berichtet, dass er eine Geisel erschossen habe. Diesmal erhält er per Funk einen einzigen Satz zur Antwort: „Geht zurück, wo ihr hergekommen seid!"

Molqi ist endgültig verwirrt. Was soll er nun machen? Schließlich befiehlt er, wohl aus Ratlosigkeit, erst einmal Kurs auf Libyen zu nehmen. Er ist auf der Brücke und hört die ganze Zeit Radio Monte Carlo, das ein arabischsprachiges Programm sendet. Dort kommt jetzt endlich eine Botschaft von Abu Abbas direkt an ihn: Er solle die „Achille Lauro" nach Port Said führen und die Passagiere „höflich" behandeln. Der Hijacker ist euphorisch: Sieg! Endlich sagt ihm sein Chef, was er tun soll. Er befiehlt die erneute Kursänderung. Ungefähr um diese Zeit sendet Abbas auch eine Drohung nach Washington und Rom: „Ihr tut gut daran, unsere Leute an Bord gut zu behandeln."

Tatsächlich laufen da schon hektische Geheimverhandlungen. Reagan informiert Italiens Premier Bettino Craxi, dass amerikanische Kommandos die „Achille Lauro" stürmen werden, um die Geiseln zu befreien. PLO-Chef Arafat hingegen versichert dem ägyptischen Staatschef Hosni Mubarak, die Geiseln würden in Port Said freigelassen. Er bitte darum, die Entführer „zur Verurteilung" an die PLO in Tunis zu überstellen. Mubarak meldet sich mit diesen Informationen bei Craxi und fügt, aus Gründen, die unklar sind, außerdem hinzu, dass alle Geiseln wohlbehalten seien. Craxi macht deshalb Reagan klar, dass er gegen die Erstürmung des Schiffs ist.

MITTWOCH, 7.30 UHR

Port Said, Mittwoch, 9. Oktober, 7.30 Uhr. Die Anker rauschen in das Wasser vor dem Hafen. Mit einem Boot kommen Abu Abbas und ein ägyptischer Regierungsvertreter an Bord. Der Terrorchef spricht lange vertraulich mit Molqi. Später meldet sich de Rosa per Funk bei der ägyptischen Regierung, während Molqi ihm eine Pistole an die Schläfe setzt. Unter Todesangst sagt der Kapitän: „Meine Mannschaft und alle an Bord befinden sich in bester Gesundheit." Daraufhin garantiert Mubarak den Terroristen freien Abzug aus dem Land. Und Medien in aller Welt melden, dass alle Geiseln wohlauf seien. In New York feiern die beiden Töchter der Klinghoffers das glückliche Ende des Dramas mit Champagner.

Nach etwas mehr als 51 Stunden ist die Entführung tatsächlich vorbei. Die Hijacker verlassen die „Achille Lauro", wo die Passagiere an Deck stehen und applaudieren – damit die Verbrecher schneller verschwinden, wird eine Reisende später sagen. Im Hafen empfängt sie eine jubelnde Menge, dann scheinen Molqi und seine Mittäter plötzlich spurlos unterzutauchen.

Auf dem Ozeanliner eilt derweil Marilyn Klinghoffer zum Schiffshospital. Dort hat niemand ihren Mann gesehen. Sie irrt auf endlosen Gängen über die Decks, bis sie die Brücke erreicht. Hier eröffnet ihr der Kapitän schließlich die schreckliche Wahrheit, Marilyn Klinghoffer kollabiert.

Langsam sickert die Nachricht von der Ermordung Leon Klinghoffers durch, die ersten Medien verbreiten sie, obwohl sie ein PLO-Sprecher als „große Lüge, fabriziert vom US-Geheimdienst", dementiert. Gegen 19 Uhr erfahren Klinghoffers Töchter die Todesbotschaft – von einem Fernsehreporter, der bei ihnen anruft und um eine Stellungnahme bittet.

Mubarak verkündet da bereits gegenüber der Presse, dass die Hijacker sein Land schon verlassen hätten. „Ich weiß nicht genau, wohin sie gegangen sind."

In Washington jedoch spricht Oliver North mit dem israelischen Militärattaché und bekommt eine Mossad-Information: Die vier Palästinenser sind noch auf dem Almaza-Flughafen bei Kairo. Später erfährt ein amerikanischer Dienst, dass sie mit dem regulären Nachtflug der Egypt Air nach Tunis außer Landes geschmuggelt werden sollen. North und andere Berater schlagen vor: Fangen wir das Flugzeug über dem Mittelmeer ab, entführen wir die Maschine und schnappen uns die Terroristen! Reagan, der es satt ist, im Nahen Osten düpiert zu werden, stimmt dem waghalsigen Manöver zu.

Kurz nach 20 Uhr. Vom Flugzeugträger „USS Saratoga", der vor Dubrovnik kreuzt, steigen zwei F-14-Kampfjets und zwei E-2C-Aufklärer in den Himmel. Der Mossad liefert Daten: Boeing 737 der Egypt Air, Flugnummer 2843, Leitwerknummer SU-AYK. Kurz darauf kommt eine weitere Einzelheit der Israelis: Abu Abbas befinde sich ebenfalls an Bord.

Sigonella, Freitag, 11. Oktober, etwa 1.30 Uhr. Die von den Kampfjets eskortierte Boeing landet auf der amerikanischen Basis im Osten Siziliens. Die inzwischen eingetroffenen Spezialkommandos erwarten die Maschine auf der Rollbahn. Der Pilot wagt einen schwachen Protest: „Wir haben Diplomaten an Bord!" Die Amerikaner drohen nur: „Sie sind umzingelt!" Das gilt dann allerdings auch für die Navy Seals und Delta Forces. Regierungschef Craxi ist nämlich außer sich, dass die Amerikaner sein Land zum Schauplatz eines Piratenakts machen. Hastig rufen die Italiener 300 Soldaten und Carabinieri zusammen, die ihrerseits nun die 80 Kommandosoldaten umstellen.

Lesen Sie bitte weiter auf Seite 44

FREITAG, 3.30 UHR

Reagan und Craxi telefonieren. Die Regierung in Washington ist wütend über das Störmanöver des Verbündeten, aber es stimmt ja: Sigonella ist italienisches Hoheitsgebiet, und Italien ist ein wichtiger Nato-Partner. Reagan gibt widerwillig nach, als Craxi ihm versichert, man werde die Terroristen in Italien vor Gericht stellen. Die Kommandos ziehen sich zurück, Carabinieri nehmen die vier Hijacker fest und bringen sie nach Rom.

Allerdings verhaften sie nicht Abu Abbas. Reagan hat beim Telefonat wie selbstverständlich angenommen, dass mit den Terroristen auch deren Anführer zur Rechenschaft gezogen wird. Doch der Sozialist Craxi hat, erstens, Sympathien für die palästinensische Sache. Er wird, zweitens, von Arafat telefonisch unter Druck gesetzt, der von „unkontrollierten Reaktionen" spricht, falls Abu Abbas etwas zustoßen sollte. Und Hosni Mubarak, durch die Entführung der Egypt-Air-Maschine international blamiert, gibt Craxi zu verstehen, dass die „Achille Lauro" ja noch immer in Port Said ankere.

Vielleicht aus heimlicher Sympathie und ganz sicher aus Angst vor Racheaktionen lässt die italienische Regierung deshalb Abbas mit einer jugoslawischen Linienmaschine nach Belgrad ausreisen, wo er via Aden nach Bagdad fliegt. Im Staat von Saddam Hussein ist er außer Reichweite der Amerikaner – zumindest ein paar Jahre lang.

Die Hijacker werden in Genua (wo die „Achille Lauro" registriert ist) verurteilt. Molqi wird 2016 entlassen, nach mehr als 30 Jahren hinter Gittern. Da ist sein Mentor Abbas schon lange tot. Der hatte sich in beiden Golfkriegen auf die Seite Saddam Husseins gestellt. 2003 wird er von amerikanischen Soldaten im Irak festgenommen, am 8. März 2004 stirbt er im Gefängnis, bevor man ihm den Prozess machen kann, vermutlich an einem Herzinfarkt oder Schlaganfall.

Die PLO einigt sich mit Klinghoffers Töchtern Jahre später außergerichtlich auf die Zahlung eines Schadenersatzes, dessen Höhe niemals bekannt wird. Klar ist, dass vor allem die schockierend kaltblütige Ermordung eines im Rollstuhl sitzenden alten Manns der PLO enorm schadet. Arafat will eigentlich in jenem Jahr vor der 40. Vollversammlung der Uno sprechen, doch wird er dort kurzerhand ausgeladen.

Für die Familie Klinghoffer bleibt nur der bittere Trost, dass sie den Toten wenigstens beerdigen kann. Sein Körper wird am 14. Oktober 1985 an die syrische Küste getrieben, anhand der Fingerabdrücke identifiziert und in die USA überführt. Seine Frau Marilyn überlebt ihn um wenige Monate, dann erliegt sie dem Krebs.

Die „Achille Lauro" bleibt ein Unglücksschiff. Ein Jahr nach der Entführung läuft sie auf Grund, ausgerechnet vor Ägypten. Und Ende 1994 bricht im Indischen Ozean, 48 Kilometer östlich des Horns von Afrika, im Maschinenraum ein Feuer aus, wieder einmal. Drei Tage wütet der Brand, dann, endlich, versinkt die „Achille Lauro" für immer im Meer.

Seite 42 **Entführer Ibrahim Fatayer Abdelatif beim Prozess in Genua, 1986.** *Oben* **Im Hafen von Genua. Freunde und Verwandte erwarten die Rückkehr der freigelassenen Geiseln**

Cay Rademacher, Jahrgang 1965, lebt als Autor in der Provence. Ihn erstaunte, dass diese internationale Affäre relativ schlecht dokumentiert ist, vermutlich, weil bis heute kaum einer der Beteiligten ein Interesse daran hat, das Andenken an das Drama wachzuhalten.

© arche noVa/Axel Fassio

Mit Tentakeln denken

Gutes Leben lässt sich nicht länger in Ressourcen und Optionen messen. Nicht als Individuen überleben wir, sondern nur im gemeinsamen Werden mit anderen

Von Marie Gamillscheg

Es war im September 2019, als ich einem der gefährlichsten Raubtiere der Welt zum ersten Mal begegnete. Ich recherchierte für meinen zweiten Roman und hatte mich schon einige Zeit mit diesem Tier beschäftigt. Ich wusste also, was mich erwartete. Kriegerisch sei es, so hieß es in Berichten, räuberisch, kannibalisch. Ein alles verschlingendes Ungeheuer, das beschlossen hatte, in einen Krieg gegen die Menschen zu ziehen und das Ökosystem der Ozeane nachhaltig zu zerstören. Vor dem Eingang des Geomar-Instituts in Kiel badeten Seehunde. Ich stand drinnen, im Dunkeln, vor der Scheibe des Aquariums. Und da, so zart, kaum vom Wasser zu unterscheiden: dünne Fadenzeichnungen auf der milchigen Oberfläche, in der Mitte dickere, rippenähnliche Linien, sie pulsierten bunt. Ein funkender Roboter. Eine Plastiktüte, verloren auf See. Eine schwebende Laterne mit weiten Flügeln. Die Meerwalnuss.

Die Meerwalnuss, *Mnemiopsis leidyi*, gehört zu den Rippenquallen. Sie ist ein Hermaphrodit. Sie kann Eier produzieren *und* befruchten, bis zu 10 000 am Tag. Ursprünglich stammt sie von der Atlantikküste Nord- und Südamerikas, doch in den 1980ern gelangte sie in Ballastwassertanks von Frachtschiffen ins Schwarze Meer. Dort hatte sie keine Fressfeinde, das Meer war bereits erwärmt und versauert, und sie konnte sich massenhaft ausbreiten. Die Sardellenfänge brachen innerhalb von zehn Jahren auf ein Zehntel ein und erholten sich nicht mehr. Dasselbe passierte später im Asowschen Meer. Und vor einigen Jahren wurde die Meerwalnuss nun zum ersten Mal in Nord- und Ostsee gesichtet.

Es war aber nicht die Diskrepanz zwischen der zarten Erscheinung und dem Ausmaß der Zerstörung, die mich vor der Glasscheibe verharren ließ. Als ich vor dem Aquarium stand, sah ich noch immer die Schlagzeilen vor mir – ein Nutznießer des Klimawandels sei dieses Tier, Globalisierungsgewinner, ein Monster der Anpassung –, doch in diesem Augenblick offenbarte mir die Meerwalnuss vielmehr den Menschen als Rhetorikkünstler, der sich geschickt aus der Verantwortung schreibt, indem er die Rollen vertauscht und sich selbst als Opfer eines Überfalls darstellt.

Die Meerwalnuss erzählte mir eine Geschichte der Entfremdung, die wohl bereits mit der Sesshaftwerdung des Menschen begonnen hat, als man nicht mehr mit der Natur, sondern von ihr lebte und zugleich umso vehementer die Überlegenheit des Menschen behauptete. Eine Geschichte, in der das Verhältnis zwischen Mensch und Natur in eine immer größere, nicht mehr reparierbare Schieflage gebracht wurde. Die Äußerungen über die Meerwalnuss mögen anfangs nur wie eine rhetorische Raffinesse klingen, um einen Umgang mit den apokalyptischen Szenarien zu finden. Doch mittels Sprache bezeichnet der Mensch die Welt nicht nur, sondern er tritt durch sie mit ihr in Verbindung. Beschränkt man sich aber auf Rollenzuschreibungen, verhindert das eine tatsächliche Auseinandersetzung und macht nicht nur die Meerwalnuss, sondern auch den Menschen zum unbeweglichen Protagonisten seiner eigenen Geschichte, dem nichts anderes übrig bleibt, als stumm und starr hinter einer Glasscheibe im Aquarium zu stehen und nach draußen zu schauen.

Die Menschheit befinde sich in der Klimakrise in einer „Spirale der Selbstzerstörung", die sich durch eine gestörte Risikowahrnehmung, Gefahrenunterschätzung und Unbesiegbarkeitsglauben äußere, sagte im April 2022 Amina J. Mohammed, Vizechefin der UN. Übrig bleibt eine Angst vor dem Unbekannten, die ihre Wurzeln verloren hat und die wir mit Worten nicht mehr zu fassen bekommen. Sprechen bedeutet auch: der Bewegung vertrauen. Sich überrumpeln lassen. Wachsam sein für die schmerzhaften Zwischentöne, die uns wieder von Figuren zu Menschen machen. Es geht darum, zurück zum Sprechen zu finden.

Zu Recht gehören Quallen beziehungsweise Rippenquallen zu den Tieren, bei denen es uns besonders schwerfällt, Donna Haraways Aufruf „Macht euch verwandt, nicht Babys" zu folgen. Aktuelle Genanalysen zeigen, dass sich die Rippenquallen und nicht, wie zuvor angenommen, die Schwämme als Erste vom Stammbaum der Tiere abspalteten. Somit sind Rippenquallen eine Art Schwesterngruppe zu allen anderen Lebewesen. Anstatt nach Ähnlichkeiten zu suchen, heißt es bei der Meerwalnuss also, das ultimativ Fremde und somit eine Pluralität an Lebensarten zu erforschen, bis wir im Fremden wieder das Eigene erkennen – nicht indem die Meerwalnuss uns das Vertraute bescheinigt, sondern vielmehr, weil sie uns Befremdliches an uns selbst zeigen kann.

Das Befremdlichste und zugleich Augenscheinlichste an der Meerwalnuss ist für den spätmodernen Menschen vor allem eines: das Leben im Schwarm. Schließlich scheint die Menschenwelt heutzutage in großen Teilen am Individualismus zu scheitern. Gefangen in einer Welt ständiger Akkumulation, nur um den Status quo zu halten, ist uns auch der Sinn für die Gemeinschaft abhandengekommen. Für die Meerwalnuss bedeutet Fortschritt immer nur das Überleben des Schwarms, in ständiger Anpassung an ihre Umwelt. Bei Nahrungsknappheit frisst sie ihre Artgenossen oder wird gefressen – der Schwarm lebt weiter.

Dies ist selbst in Zeiten, in denen Lebensmittel knapper werden, kein Vorschlag, seine Mitmenschen zu essen. Doch denkt man an Hartmut Rosas Begriff der Resonanz, den er als Ausweg aus der gesellschaftlichen Beschleunigungstendenz feststellt, so scheint das der Meerwalnuss zu gelingen – eine klingende, unberechenbare Beziehung mit der Welt, in der sich Lebensqualität

Das Befremdlichste und zugleich Augenscheinlichste an der Meerwalnuss ist für den spätmodernen Menschen vor allem eines: das Leben im Schwarm. Schließlich scheint die Menschenwelt heute großenteils am Individualismus zu scheitern. Gefangen in einer Welt ständiger Akkumulation, ist uns der Sinn für Gemeinschaft abhandengekommen.

nicht in Ressourcen und Optionen messen lässt, sondern an eben dieser Beziehung zur Welt. Ein Leben im Augenblick, im Rhythmus des Wellenschlags. Ein Leben, das kein Kräftiger, Besser, Schneller, auch keine Hierarchien und keine Geschlechter kennt, sondern nur die Resonanz – zum Schwarm, zur Wetterlage, zum Wasser.

Diese Resonanz zeigt sich bei der Meerwalnuss auch auf ganz körperlicher Ebene. Obwohl die Meerwalnuss zu 99 Prozent aus Wasser besteht, hinterlässt sie knapp 100-mal mehr genetische Spuren als ein Durchschnittsfisch in den Ozeanen. Ihr ein Prozent an Gallertmasse verteilt sie selbstlos über die Weltmeere, so stelle ich es mir vor. Die Meerwalnuss macht mit dem Verzicht auf ihren individuellen Körper die ganze Welt zu ihrem Körper. Sie stirbt stetig und selbstlos und gebiert sich zugleich immerfort neu.

Ihr scheint zu gelingen, wovon der Mensch seit je träumt: den Tod auszutricksen. Der Mensch ist schließlich insbesondere so versessen auf seinen Fortschritt, weil er sich stets vor seinem eigenen Tod fürchtet und doch unaufhaltsam auf ihn zusteuert. Auch in der westlichen Philosophie gäbe es eine besondere „Vorliebe für den Tod“, bemerkt Hannah Arendt in ihren Kant-Vorlesungen „Das Urteilen“. Diese dränge andere Facetten des Lebens wie Natalität, Pluralität und das Zusammenleben in den Hintergrund und mache uns, verstärkt durch das Leben im kapitalistischen Akkumulationsmodus, zu individualistischen und melancholischen Menschen. Dabei ist die Natalität grundlegend für jene Resonanz, in die wir mit unserem Umfeld kommen wollen, und sie ist in jedem Handeln, in jedem Sprechen angelegt. Die Fähigkeit, etwas Neues zu beginnen, versteht Arendt als Grundbedingung menschlicher Existenz. Ist diese nicht vorhanden oder wird einem Menschen verwehrt, ist auch kein gesellschaftliches Zusammenleben möglich.

Wir müssen lernen, wieder dem Werden zu vertrauen. Lebendigkeit heißt, sich auf etwas einlassen zu können. Es verändert auch unser Verständnis der Zeit. Statt diese als Ablauf der Lebensdauer zu begreifen, als ewigen Chronos, rücken die Kairos-Momente in den Vordergrund – jene günstigen Augenblicke, in denen Zukunft und Vergangenheit zusammenstoßen und wir wieder Raum für Veränderungen finden und uns neu verhandeln. Alles fließt. Es gibt nur ein unaufhörliches Werden und Wandeln. Betrachten auch wir uns als Wesen im Zustand des ständigen Geborenwerdens und klammern uns so auch nicht mehr an die Begrenzungen von Besitz, Identität und Nationalität, können wir nicht nur zu unserem inneren Dialog zurückfinden, der uns von Personen zu Persönlichkeiten werden lässt, sondern auch zu einem Verständnis für die Welt um uns.

Noch immer vor dem Aquarium stehend, denke ich wieder an die Geschichte der Beziehung zwischen Mensch und Tier. Denn die Realität zurzeit sieht leider anders aus. Selten geht es tatsächlich um die Verbindung zwischen zwei Wesen, meistens ist es eine Suche nach den Unterschieden, mit der wir unseren Umgang mit Tieren heutzutage legitimieren wollen. Was hat der Mensch, was das Tier nicht hat? Ist es die Sprache? Das Werkzeug? Die Vernunft? Moral? Kultur? Auf juristischer Ebene scheint nur Intelligenz zu zählen, denn bisher wird nur für Persönlichkeitsrechte von Delfinen und Walen gekämpft. Aber während ich der Meerwalnuss im Aquarium zuschaue, diesem Tier ohne Herz und Hirn, stelle ich mir vor, wie es über die Jahrtausende ein kollektives Körpergedächtnis aufgebaut haben muss, dessen Ausdehnungen und Tiefen wir gar nicht erahnen und das mit unseren Maßstäben nicht zu messen ist. Ein Körperwissen, das die Wellen zu lesen weiß und die Temperaturumschwünge, das vom Leben weiß und vom Tod und vom Funkeln in der Nacht. Ob vielleicht dort das Geheimnis eingeschrieben ist, wie Vergänglichkeit als Bedingung des Lebens begriffen werden kann und so das Leben intensiviert? Was würden unsere Körper erzählen, wenn wir ihnen als Wissensvermittler vertrauen würden?

Je länger ich nach Beschreibungen suche, desto mehr gleitet mir dieses Tier durch die Worte. Es erzählt mir von der Grenze zwischen Sagbarem und Unsagbarem, auf der ich stetig tänzle, immer in Gefahr abzustürzen. Aber ich will dem Wasser vertrauen und abtauchen. Nur wenn ich es wage, mir selbst abhandenzukommen, vergrößert sich die Grenze zu einem Raum, wo Worte wieder klingen. Der Planet Erde ist zu zwei Dritteln mit Wasser bedeckt. Es ist Zeit, vom Wasser aus zu denken. Zumindest für einen Moment die Glasscheibe verschwinden zu lassen. Wir werden mit Tentakeln wieder auftauchen.

Marie Gamillscheg, 1992 in Graz geboren, lebt und arbeitet als freie Autorin in Berlin. 2018 veröffentlichte sie den Roman „Alles was glänzt“, für den sie unter anderem den Debütpreis des Österreichischen Buchpreises erhielt. Ihr zweiter Roman, „Aufruhr der Meerestiere“ (2022 bei Luchterhand erschienen), steht aktuell auf der Bestenliste des ORF und des SWR. Ihre erste Schwarm-Arbeit für die Bühne wird im Oktober 2022 im Kosmos Theater Wien uraufgeführt.

Burano Speed Boys

Sie sind jung, sie sind schnell, und sie fliegen über die Lagune von Venedig. 40 Jugendliche aus Burano und ihr Lebensgefühl auf einer Insel, die für den Rest der Welt nichts ist als ein schönes Fotomotiv

Text: Petra Reski   Fotos: Matteo de Mayda

Die Zeit vergeht schnell, wenn ich mit dir zusammen bin. Wenn Jacopo durch die Lagune fliegt, von den Fondamente Nove nach Burano, wummert der Rap von Rkomi, Sfera Ebbasta oder Shiva aus den Lautsprechern seines Boots. Und eigentlich gibt es dann keine Grenze mehr in diesem Blau, des Himmels, des Boots und der Lagune. *Nein, ich kann mich nicht bremsen, bis es zu spät ist.* Es ist der Rap der Romantiker: *Jedes Mal, wenn ich eine Frau ficke, die ich liebe, lieben wir uns Stunden um Stunden, jedes Mal, wenn ich eine Frau liebe, die ich ficke, reden wir Stunden um Stunden.*

Neulich Nacht habe ich mal wieder an die Burano Speed Boys gedacht, genauer gesagt, um halb drei Uhr morgens, als ein Boot, begleitet von ohrenbetäubendem Rap, durch unseren Kanal raste, bis die Musik plötzlich mit einem Knall endete. Als ich ans Fenster stürzte, sah ich das Boot kieloben im Kanal treiben und hörte, wie jemand aus dem Wasser um Hilfe rief. Noch bevor wir dem Havarierten zu Hilfe kommen konnten, hatte er es bereits geschafft, sich auf den gegenüberliegenden Bootssteg zu retten: ein junger Mann, der offenbar unbeschadet aus dem Boot katapultiert worden war. Er zog ein ebenso unbeschadetes Telefon aus seiner Jackentasche und fing an, schreiend zu telefonieren: „Mamma, ich habe das Boot verloren! Ja, da war ein Pfahl, der im Wasser trieb! Mamma, hast du kapiert? Verdammte Scheiße, Mamma! 20 000 Euro sind weg …“ Er schrie so laut, dass in den am Kanal liegenden Wohnungen das Licht anging und die Nachbarn einen Blick auf den fluchenden jungen Mann warfen, der, als die Carabinieri endlich kamen, immer noch wutentbrannt ins Telefon brüllte: „Verdammte Scheiße, ich glaubte zu sterben, Mamma!“

Von einem im Wasser treibenden Pfahl war in unserem schmalen Kanal allerdings keine Spur. Wir vermuteten, dass der Typ betrunken war oder bekifft oder sonstwie unter Drogen und so schnell gefahren war, dass sich der Bug angehoben hatte und das Boot gegen die Brücke geprallt war.

Tage später sitze ich am Ufer der Klosterinsel San Francesco del Deserto und erzähle Jacopo von diesem bizarren Unfall. Jacopo ist 21 Jahre alt, lebt auf Burano, jener mit bunten Häusern geschmückten einstigen Fischerinsel im nördlichen Teil der venezianischen Lagune, und betreibt die Instagram-Seite *buranospeedboats*, kurz BSB, 227 Beiträge, 3978 Follower, 365 Abonnenten. Wenn er nicht gerade in seinem himmelblauen Motorboot durch die Lagune rast, meterhohe Wasserfontänen wie einen Schweif hinter sich herziehend.

Wenn ich ehrlich bin, erwartete ich, dass Jacopo den Pechvogel, der in unserem Kanal havariert ist, kennen würde. „Nein, keine Ahnung“, sagt Jacopo, „von Burano kann der nicht sein, das hätte sich rumgesprochen.“ Er schüttelt ungläubig den Kopf und tauscht mit Simone diesen Blick aus, der besagt: Hey, nur weil wir identifizierbar sind mit unserer Instagram-Seite, soll uns jetzt jeder Scheiß, der hier in der Lagune passiert, angehängt werden, *porca miseria*?

Mit dem gleichen Blick haben mich Jacopo und sein Freund Simone bedacht, als ich sie zum ersten Mal auf Burano traf, knapp nach Ende des Lockdowns im kalten Frühjahr 2021, und sie nach dem Unfall mit den beiden Fischern fragte, die im Sommer zuvor von einem, wie die Zeitungen schrieben, „jungen Mann“ in einem Motorboot überfahren wurden, der in Überschallgeschwindigkeit über sie hinweggerast ist. Einer der Fischer war auf der Stelle tot, der andere starb im Krankenhaus. Zur Erinnerung an dieses Unglück hängt ein blumengeschmücktes Tabernakel mit dem Foto der beiden Fischer an einer Dalbe vor der Insel Certosa. Es sieht aus wie ein Vogelhäuschen mit einem Kreuz auf dem Dach.

„Das Problem sind die Fischer“, sagte Simone gedehnt, „die machen am Boot kein Licht an.“ Und Jacopo stellte fest, dass derjenige, der die Fischer

Lesen Sie bitte weiter auf Seite 54

Seite 48 **Daniele, 24, lebt auf Sant'Erasmo in der Lagune von Venedig.** *Seite 49* **Das Cockpit von Simones Boot**

Rechte Seite (von links oben im Uhrzeigersinn) **Auf einer Salzmarsch in der Lagune; Fosca und Iris, zwei Mädchen aus der Burano-Speed-Boats-Community; eine Rennstrecke, auf der die Speed Boys Sprünge üben; Tattoo in Form eines Kussmundes**

Seite 52 **Timothy, 16, einer der Jüngsten der Gruppe, die aus rund 40 Jugendlichen besteht**

Seite 53 **Emma und Federico, mittlerweile getrennt**

RIO 500 Midì
YAMAHA

40
Emma
75
YAMAHA

über den Haufen gefahren hat, ohnehin zu einer ganz anderen Generation gehört: „Der ist älter, so um die 30." Und wenn man selbst gerade erst die 20 überschritten hat, dann klingt dieses 30 tatsächlich wie kurz vor scheintot.

Unser erstes Treffen fand neben dem Sportplatz auf Mazzorbo statt, der Nachbarinsel von Burano. Nicht, weil die Burano Speed Boys etwas zu verbergen hätten, sondern weil sie der sozialen Kontrolle der knapp 2000 verbliebenen Inselbewohner entgehen wollten, denen in ihren Fischerhäuschen, im Lockdown eingesperrt, die Decke auf den Kopf fiel. Als wir später durch die menschenleeren Gassen von Burano zu dem einzigen geöffneten Café liefen, vorbei an zyklamroten, dottergelben und türkisblauen Häusern, stellte Simone fest, dass sich die engen Grenzen des Lebens auf Burano selbst auf die Farben der Häuser auswirken, weil ein dottergelbes Haus nicht etwa ockergelb werden darf, auch nicht zitronengelb, von himmelblau ganz zu schweigen, sondern dottergelb bleiben muss.

Lieblingsort der Gruppe ist der Kanal Gaian, der sich in viele kleinere Kanäle verzweigt

Ohne eine einzige Reisegruppe, ohne Souvenirstände mit Wackelgondeln, ohne Spitzenklöppelei und ohne die Menschentrauben, die von den Ausflugsbooten ausgespuckt werden, wirkte Burano wie ein Freizeitpark nach der Schließung. Buranos Hauptstraße, die Via Baldassare Galuppi, lag verlassen da, und Simone fiel auf, in seiner knallroten Daunenjacke von Boss und einer Hose, von der in Riesenlettern das Label Calvin Klein schrie, Jacopo in Tarnfarben, lagunenschlammfarbige Daunenjacke, schwarze Halssocke bis zu den Augen hochgezogen. Vor

Jacopo, 21, beim Navigieren durch die Kanäle von Burano

dem einzigen geöffneten Café standen nur ein paar Rentner, die wahrscheinlich von ihren Frauen aus dem Haus geworfen worden waren.

„Für uns ist das mit den Booten so eine parallele Welt“, sagte Simone und verkniff sich den Seitenblick auf die Rentner, die mit einem mit Grappa angereicherten *caffè corretto* sich den Lockdown schönzutrinken versuchten. Auf einer Insel mit nur 2000 Menschen zu leben, die alles voneinander wissen und jede noch so kleine Abweichung eines Lebenslaufs kennen, *vita, morte e miracoli,* wie man in Italien sagt, kann anstrengend sein. Besonders im Winter, wenn die Boote in der Werft eingemottet sind.

Dem Bürgermeister von Venedig ist Burano gleichgültig; die 2000 Wählerstimmen fallen im Rathaus nicht ins Gewicht. Die überwältigende Mehrheit der Wähler von Venedig lebt weder in Venedig noch auf den Inseln der Lagune, sondern auf dem Festland, mit dem Venedig seit dem Faschismus zwangsverheiratet wurde. Auf Burano gibt es keine Clubs, kein Nachtleben, kein Kino, es gibt kaum Geschäfte außer Touristenkrimskrams, von vernünftigen Verkehrsverbindungen ganz zu schweigen – die Flotte der *vaporetti* lässt der Bürgermeister systematisch verrotten, um sie bald auch zu privatisieren. Das Geld hat die Lagune im Griff: Die meisten Inseln sind inzwischen privatisiert und in Luxushotels verwandelt, weshalb die Burano Speed Boys schon glücklich darüber sind, dass der Abt des Klosters San Francesco del Deserto nichts dagegen hat, wenn sie mit ihren Booten bei ihm anlegen, im Schatten im Gras liegen und von der großen Freiheit träumen. ➢

Burano Speed Boats, das ist: essen, schlafen, Boot fertig machen. Sagen die Jungs. Freiheit, das ist ein Boot und die Lagune. Das Lebensgefühl auf einer Insel, die für den Rest der Welt nichts anderes ist als ein schönes Fotomotiv, fand mit der Instagram-Seite der *Burano Speed Boats* seinen Ausdruck. Es war im Jahr 2017, als Jacopo und Simone mit ein paar Freunden auf die Idee kamen, sie einzurichten, mit der sie jetzt, okay, vielleicht nicht berühmt, aber doch immerhin so bekannt wurden, dass sich für sie von Burano aus die Welt öffnete: Vor Kurzem kam ein Modefotograf aus Mailand, steckte sie in Rapper-Outfits und fotografierte sie in ihren Booten vor den bunten Häusern. Zusammen mit einem Taucher, in Taucheranzug und mit gelbem Helm, was nicht ganz einleuchtete. Sollte wohl Kunst sein.

Die Socials sind die Lebensbasis für das Leben der Jungen, sagt Jacopo, der, wenn er von sich und seinen Kumpels in der dritten Person spricht, fast so klingt wie die Zeitung „Nuova di Venezia", wenn sie ihren Lesern auf einer Seite die Hintergründe der „Mode der frisierten Wasserfahrzeuge" nahebringen will, wobei die Redaktion einem Interview mit dem Gründer der Facebook-Gruppe „Bootsfahrer der Lagune von Venedig" (19 000 Freunde, die meisten davon alte Leute, also jenseits der 30) breiten Raum einräumt und der an das Verantwortungsgefühl appelliert und Fortbildungskurse für alle jungen Bootsfahrer fordert.

Fortbildungskurse sind natürlich Gift für *lonesome riders*, die ab 90 PS mit Ohrenschützern fahren, weil der Motor so laut ist, dass das Trommelfell platzt. Die Burano Speed Boys finden, dass Fortbildungskurse vielleicht etwas für Wassertaxifahrer wären, die ihr Geld schwarz verdienen, oder für die Gondolieri, denen die Flotte von Ausflugsbooten gehört, die mit ihren Bugwellen die Lagune zerstört und Burano und Venedig mit Tagestouristen überschwemmt, die nicht einmal ein Mineralwasser kaufen. Die Disneyfizierung ihrer Insel ist ihnen so verhasst wie den Venezianern.

Fast jeder Post zeigt die *Burano Speed Boats* in Aktion, die Protagonisten heißen Mercury, Yamaha und Selva, die Boote sind *cofano*, kleine, wendige Glasfaserboote mit flachem Boden und sehr langem Bug, ursprünglich für die Jagd in der Lagune konzipiert. Am Horizont taucht Venedig als Scherenschnitt auf, und wenn jemand in den Kommentaren „Be careful" schreibt, antworten sie mit „Don't worry, bro".

Manchmal fahren die Burano Speed Boys nach Cavallino, wo es ein paar Diskos gibt. Am schönsten ist es, nachts zu fahren, mit Rap von Shiva, ihre Boote sind von innen beleuchtet, fuchsiafarben oder swimmingpooltürkis, es ist, als würde man im Licht schwimmen. Okay, die Höchstgeschwindigkeit in der Lagune beträgt 20 Kilometer in der Stunde, in manchen Kanälen nur elf oder sogar nur sieben. Fakt ist aber auch, dass die Gleitfahrt, wenn nur noch der Propeller im Wasser liegt und das Boot wie auf einem Luftkissen dahingleitet, erst ab 30 Stundenkilometern möglich ist. Kriegt man mit einem 40-PS-Motor, den man ab 16 Jahren fahren darf, natürlich nicht hin. Es sei denn, man bringt einen größeren Propeller an und beseitigt eine Verengung bei der Luftzufuhr des Motors. Dann hat man praktisch einen 70- oder 80-PS-Motor. Den man ohne Sportbootführerschein eigentlich nicht fahren darf. Und den darf man erst mit 18 Jahren machen – falls man das Geld dafür hat.

Und genau das ist für die Burano Boys das größte Problem. Simone arbeitet beim Bäcker und wohnt bei den Eltern, weil das meiste Geld für Benzin draufgeht. Andrea wohnt auch noch bei den Eltern, spricht sich mit einem „Never give up"-Tattoo Mut zu. Und Jacopo wohnt bei der Großmutter im Fischerhäuschen, jobbte bis vor Kurzem in einem Café und hat sich nun Enrico angeschlossen. Enrico ist einer der letzten Fischer von Burano. 20 Fischer gibt es noch auf der einstigen Fischerinsel, sagt er. Er ist kleiner und muskulöser als die anderen mit ihren flachen Bäuchen, und was ihn

Rechte Seite (von links oben im Uhrzeigersinn)
Ein neues Soundsystem für Federicos Boot; Daniele, 24, ein ***lonesome rider*****; die Rennstrecke im Gaian; Giuseppe Laganà, Hauptmann der Polizei von Burano, die die frisierten Speedboote jagt**

besonders nervt, ist, wenn die Touristen ihn beim Fischen fotografieren, als wäre er ein Panda im Zoo. Und im gleichen Atemzug sagt er, dass er Burano nie, nie, nie verlassen würde. Nicht einmal, um nach Venedig zu ziehen. Vom Festland ganz zu schweigen. Zu den Landeiern, die am Wochenende mit ihren peinlichen Motorbooten die Lagune bevölkern, die aussehen wie Dampfbügeleisen. Selbst nach Ca' Savio, der auf der Landzunge gegenüber gelegenen Stadt, würde keiner von ihnen jemals ziehen, weil da lauter Buranesen leben und es für sie keine schlimmere Vorstellung gibt als Buranesen, die Burano für ein Auto vor der Tür im Stich gelassen haben.

Auf dem Weg zurück nach Burano kommen wir bei der Bootswerft Amadi vorbei, „Buranos Flaggschiff", wie Jacopo mit leuchtenden Augen sagt. Tatsächlich gelten die Boote von Agostino Amadi als die besten von ganz Venedig, egal, ob es sich um Frachtkähne oder um die klassischen venezianischen Fischerboote handelt, die man hier *topetta* nennt, „kleine Ratte". Als ich erwähne, dass ich seit drei Jahren stolze Besitzerin einer Amadi-*topetta* bin, ist mir so, als blickten Simone und Jacopo mich anders an, langmütiger vielleicht, sanfter und toleranter. Als hätten wir eine winzige Gemeinsamkeit. Aber vielleicht bilde ich mir das auch nur ein.

Ein paar von der Clique, nachts in der Nähe der Rialtobrücke in Venedig

Petra Reski ist Journalistin und Schriftstellerin, lebt seit 1991 in Venedig und kann mit ihrem venezianischen Fischerboot sogar rückwärts einparken. Zuletzt erschien von ihr „Als ich einmal in den Canal Grande fiel. Vom Leben in Venedig" (Droemer 2021).
Matteo de Mayda, Jahrgang 1984, lebt als freier Fotograf in Venedig. 2019 veröffentlichte er „Era Mare", ein Buch über das Hochwasser in Venedig.

DER KANZLER ISST SAUER

Das berühmteste Denkmal zu Ehren des Reichseinigers ist ein mariniertes Filet, mit Zwiebeln bekränzt, von Gürkchen geschmückt: der Bismarckhering. Erfunden hat ihn ein Stralsunder Fischhändler

Text: Maik Brandenburg Fotos: Marcus Friedrich

DENKMÄLER FÜR DEN ERSTEN deutschen Reichskanzler gibt es zuhauf. Bismarcktürme, Bismarcksteine, Bismarckstraßen … Dabei ist der Bismarckhering, der marinierte Filetlappen mit Lorbeer und Senfkörnern, das eigentliche, das berühmteste Denkmal zu Ehren des Reichseinigers. Gern an Spiegelei und Bratkartoffeln oder mit Sahne und Pellkartoffeln. Oder gefasst in zwei Brötchenhälften, mit Zwiebeln bekränzt, von Gürkchen geschmückt, ein Monument deutscher Küche. Im Supermarkt kostet das Glas um die zwei Euro.

Aber Achtung, das ist ein Fake. „Nachbau", nennt Henry Rasmus so etwas. Denn ins Glas würde der Stralsunder Fischhändler seine „Bismarcks" nie packen. Seine stecken im Holzfässchen à 2,5 Liter, die Sonderanfertigung eines sächsischen Böttchers. „Echte Bismarckheringe sind außerdem ohne Haut und kommen aus der Ostsee", so der 65-Jährige. Und dann wäre da noch die Marinade, ein Geheimrezept. Alles soll sein wie anno Johann Wiechmann.

Denn jener soll den Bismarckhering erfunden haben, etwa um die Mitte des 19. Jahrhunderts. Auch Wiechmann war Fischhändler in der Hansestadt vor Rügen. Als Schankwirt sorgte er erst für den Kater und hernach fürs Heilmittel: in Essig und Gewürze eingelegter Hering, die Fische standen direkt auf dem Tresen. Bismarck weilte gern in der Gegend. Die Vorstellung, Bismarck könnte bei einem Kneipenbesuch auf den Geschmack gekommen sein, ist dann aber doch zu verwegen. Allerdings ist eine Magenverstimmung des adligen Gourmands – er wog um die 150 Kilo – anlässlich des Besuchs beim Rügener Inselfürsten zu Putbus bekannt. Waren es die 16 Spiegeleier zum Frühstück, wie gern kolportiert wird? Die Legende will, dass der Doktor eine Diät aus Heringen empfahl.

Zu einem Geburtstag Bismarcks schickte Wiechmann ein Fässchen, der Fürst bedankte sich schriftlich. Zur Reichsgründung 1871 legte der Patriot und Geschäftsmann nach: Er sandte eine weitere Charge gen Berlin und bat darum, seinen Hering nach dem nunmehrigen Reichskanzler zu benennen. Die Erlaubnis dazu soll jahrzehntelang im Kontor der Fischladens gehängt haben, der Brief verbrannte im Zweiten Weltkrieg.

Und mit ihm Johann Wiechmanns Erbe. Zu DDR-Zeiten gab es den Nachbau „Delikateßhering", im Plastikeimer, natürlich lag er auch nicht im sauren Sud, den Wiechmanns Frau Karoline einst zusammenrührte. Ihr Originalrezept besorgte sich erst Rasmus von einer Nachfahrin Wiechmanns. Endlich erinnert sich mal einer, habe die Dame am Telefon gesagt. Es sei kein Geld geflossen, versichert Rasmus. „Nur darf ich nie das Rezept verraten."

Seit 2001 verkauft Rasmus den neuen alten Bismarckhering in der Stralsunder Heilgeiststraße. Mag sein, dass es auch andere Sagas um den Hering gibt. Sie schmelzen im Rasmusschen Werbefeuer – die Regierungschefs der Ostseestaaten hielten seinen „original Bismarckhering" vor die Linsen, das norwegische Kronprinzenpaar biss öffentlich hinein. Sein größter Coup war ein Foto mit Präsident Bush jr. und Kanzlerin Merkel, Bush trägt ein Fässchen von Rasmus im Arm. Einen Bushhering soll es aber nicht geben.

Bis zu 60 Kilo gehen täglich über den Ladentisch, „die Leute warten auch mal drei Tage vor der Tür auf Nachschub", sagt Rasmus. Da hat es Maren von Bismarck besser. Als Teil der Adelsfamilie kriegt sie ihren Hering zu Feiertagen per Post. „Den serviere ich an Bratkartoffeln, schön pommersch." Sogar zu den gelegentlichen Lunchs in ihrem Schloss an der Havel wird zum Champagner Bismarckhering gereicht. „Aber nur auf Schwarzbrot. Alles andere lässt den Fisch nicht wirken", so Frau von Bismarck. Derzeit forscht sie im Familienarchiv, ob sich nicht Kopien jener Briefe finden, die Johann Wiechmann einst erhielt. Es wäre eine kleine Sensation.

Kürzlich hat der Rügener Unternehmer Mathias Schilling das Fischgeschäft übernommen, er führt es unter Rasmus' Namen fort. Auch Schilling konnte das Rezept nicht kaufen, nur borgen. Verbunden mit einem vor Anwälten unterschriebenen Eid, das Originalrezept nie auszuplaudern. Wer es dennoch wissen will, für den hat Marketingass Henry Rasmus einen Tipp: „Ganz unten in den Fässchen liegt ein Zettel. Da steht das Rezept drauf."

Sassnitzer Heringskartoffeln nach Art der Mutter des Autors

Zutaten (für vier Personen)
500 g Pellkartoffeln, 500 g Bismarckhering, 200 g Hartkäse, 3 Zwiebeln. *Für die Sauce* 300 ml Fleischbrühe, 250 ml Sahne, ein Ei.

Zubereitung
Eine Auflaufform mit Margarine einreiben und Paniermehl darüberstreuen. Pellkartoffeln dünn schneiden, auslegen. Die nächste Schicht bilden Filethälften des Bismarckherings. Darüber die Sauce geben. Zwiebelringe und geriebenen Käse hinzufügen. Die letzte Schicht sind wieder Kartoffeln und Käse. Im Backofen bei 180 Grad halbe Stunde backen. Als Beilage Gurkensalat mit Essig reichen.

Fischhandel und Räucherei Rasmus
Heilgeiststraße 10, 18439 Stralsund, geöffnet Mo bis Fr 9–18, Sa 10–15 Uhr, Telefon 03831/281538.

Oben **Seit 2001 verkauft der Fischhändler Henry Rasmus den neuen alten Bismarckhering in der Stralsunder Heilgeiststraße**

Links **In ein Glas würde Rasmus seine „Bismarcks" nie packen. Seine stecken in Holzfässchen zu je 2,5 Liter**

Gesellschaft mit begehrter Haftung

Da kann kein Sekundenkleber aus dem Baumarkt mithalten: Muscheln, Seesterne oder Schnecken sekretieren den besten Klebstoff. Forscher arbeiten daran, diesen Super-Schleim nachzubauen

Von Susanne Wedlich

Eigentlich wollte ich nur einen großen Rochen bewundern. Er schwamm im flachen Küstenwasser, und ich lief in der felsigen Gezeitenzone neben ihm her. Als ein Tritt außer Schrittweite war, sprang ich. Eine blödsinnige Aktion. Schließlich war der Weg über die feuchten und algenschmierigen Steine ohnehin ein Balanceakt gewesen. Ein Sprung, ein Moment des Bedauerns – und ich lag im Wasser. Das war schmerzhaft und peinlich. Eigentlich wusste ich es ja besser. Die Gezeitenzone kann ein gefährlich glitschiges Pflaster sein, auf dem wir Menschen schnell den Halt verlieren. Was machen wir hier eigentlich falsch? Oder anders gefragt: Was machen die Tiere am und unter Wasser besser?

Seepocken halten bombenfest. Muscheln stürzen nicht ab. Schnecken bleiben in der Bahn. Selbst Seesterne klettern jede Rutschbahn hinauf. Viele Meerestiere sekretieren extrem leistungsstarke Klebstoffe, die permanent oder reversibel fast überall wirken. Unsere Kleber dagegen versagen meist im Nassen, sind unpraktisch oder toxisch. Giftige Kleber finden sich in Schuhen, im Parkett, in Möbeln und in elektronischen Geräten.

Wäre es daher nicht schlau, sich vom Klebstoff der Meerestiere inspirieren zu lassen? Leistungsstarke Kleber, die unbedenklich und biologisch abbaubar sind, könnte die Menschheit gut gebrauchen.

„Die Biomedizin hat wohl den größten Bedarf", sagt Birgit Lengerer, Zoologin an der Universität Innsbruck, die an solchen sogenannten marinen Bioadhäsiven forscht. „Mit einem gut verträglichen Klebstoff müsste etwa bei Operationen nicht mehr genäht werden."

Ein vielversprechender Ansatz ist den Seepocken zu verdanken. Das sind krebsartige Tiere, die zurückgezogen leben, eingehüllt in einem Gehäuse. Seepocken haften auf jeder Oberfläche im flachen Wasser. Auf Holz und Walhaut, auf Plastik und Metall. Ist etwa ein Schiffsrumpf großflächig mit einer Seepockenkruste überzogen, treibt das den Energieverbrauch hoch, weil der Widerstand im Wasser enorm ansteigt. Das ist ein Problem. Aber vor allem ist es hohe Klebekunst, die künftig Menschenleben retten könnte.

Die Seepocken heften sich mit einem Klebstoff aus Proteinen an, dem sogenannten Zement, der von Zementdrüsen ausgeschieden wird. Auf Grundlage dieses Seepockenzements wurde am Massachusetts Institute of Technology (MIT) ein robuster Klebstoff entwickelt, der innerhalb von Sekunden bindet.

Das interessiert sogar die U.S. Army, weil sich starke Blutungen bislang nur schwer stoppen lassen. Blutverlust ist beim Militär die häufigste und in der Bevölkerung die zweithäufigste Todesursache als Folge von schweren Wunden. Nähen ist im Notfall oft keine Option, und herkömmliche Kleber wirken erst in Minuten. Der neue Sekundenkleber könnte einen Unterschied machen, weil er auch auf blutigen, feuchten und schmutzigen Oberflächen haftet. Ganz so wie Seepocken also.

Bei der Entwicklung des Superklebstoffs folgten die Forscher der Strategie der Seepocken, die Klebeproteine in eine Art Öl zu betten, das Wasser und Schmutz verdrängt. Der neue Kleber ist entsprechend aufgebaut und funktioniert ebenso zuverlässig. Bis zum echten Einsatz wird es trotzdem dauern. „Uns fehlen weitere Studien am Tiermodell und klinische Studien am Menschen, was üblicherweise drei bis fünf Jahre dauert", sagt MIT-Forscher Huynwoo Yuk, einer der verantwortlichen Autoren der Studie.

Ebenfalls weit fortgeschritten sind Klebstoffe, die von Byssusfäden inspiriert sind, mit denen sich Muscheln permanent am Untergrund verankern. Der Klebstoff mit der Schlüsselkomponente DOPA ist

intensiv erforscht. Ein Puzzlestück wurde bisher allerdings übersehen. „Muscheln schaffen für ihren Kleber die optimale Umgebung“, sagt Zoologin Lengerer. „Sie sekretieren ihren Klebstoff unter ihrem Fuß und ändern dort zum Beispiel den pH-Wert. Dieses Milieu wird versiegelt und unterscheidet sich vom umliegenden Meerwasser.“ Daher ist noch nicht klar, wie effektiv der nachgebaute Kleber tatsächlich sein wird.

Lengerer selbst arbeitet vor allem an Seesternen und deren reversiblen Klebeschleimen. Solche Bioadhäsive könnten uns Pflaster liefern, die vorübergehend Medikamente abgeben. „Ein anderes Beispiel sind Zahnspangen oder Prothesen, die haften, aber auch wieder entfernt werden müssen“, so Lengerer.

Bisher ist es besonders schwierig, Klebstoffe zu entwickeln, die stark haften und trotzdem problemlos ablösbar sind. Seesterne, die mit ihren vielen hundert Füßen bei jedem Schritt ihren wundersamen Klebeschleim hinterlassen, machen vor, wie es funktionieren könnte. Ähnlich vielversprechend ist der Schleim der Gemeinen Napfschnecke *Patella vulgata.* Deren Sekret wechselt, je nach Gezeiten oder Gefahrensituation, zwischen permanenter und temporärer Haftkraft.

All die Beispiele zeigen: Die Natur hat einen individuell anpassbaren Baukasten des Klebens erfunden. Doch was passiert, wenn die Natur durch die Klimaerwärmung aus dem Gleichgewicht gerät? Büßen die Tiere dann möglicherweise ihr Klebetalent ein?

„Ich denke, das ist eine realistische Sorge“, sagt Forscher Yuk. Alle Lebewesen von der Mikrobe bis zum Mensch nutzen und brauchen biologische Schleime, die teilweise empfindlich auf ihre Umwelt reagieren. „Es ist offenkundig, dass Umweltbedingungen wie der pH-Wert und die Temperatur die Biochemie adhäsiver Proteine bei Meerestieren wie Seepocken und Muscheln stark beeinflussen.“

Wenig Gutes hoffen lässt eine aktuelle Studie über die Große Eulen-Napfschnecke *Lottia gigantea.* Diese Tiere leben in einer passgenau geformten Delle im Gestein, die sie bei Ebbe vor dem Austrocknen schützt. Dazu verfügen sie über eine Art Gärtchen mit alten Schleimspuren, auf denen nahrhafte Mikroalgen wuchern. Die Schnecke verteidigt vehement ihr Revier – indem sie Störenfriede aus dem Weg bulldozert oder Tritte mit ihrem kräftigen Fuß verteilt. Nur wenn der Austernfischer angeflogen kommt, klammern sich die Schnecken lieber fest.

Linke Seite **Unterseite einer lebenden Gemeinen Napfschnecke.**
Oben **Napfschnecken auf einem Küstenfelsen in Schottland**

Das ist eine Taktik, die normalerweise gut funktioniert.

In der aktuellen Studie zeigte sich aber, dass die Gegenwehr der Schnecken bei steigenden Temperaturen sinkt. Ob nun ihr Muskel, ihr Schleim oder beides schwächelt: Die Vögel können die Schnecken leichter und schneller aushebeln und fressen. Forscher fürchten nun, dass auch andere Schnecken, Muscheln und Seesterne ihre Haftkraft verlieren, wenn das Meer wärmer und saurer wird.

„All diese Tiere haben frei schwimmende Larven, die einen Standort finden und sich in ihre erwachsene Form umwandeln müssen. Das ist eine komplexe Entwicklung, die durch die Klimakrise gefährdet sein könnte“, sagt Birgit Lengerer. „Möglicherweise ist dann auch das Anhaften betroffen. Ich sorge mich aber nicht, ob die Tiere noch kleben, sondern ob sie noch leben können.“

Susanne Wedlich, Jahrgang 1971, Journalistin in München, wundert sich, warum jede noch so simple Schnecke das Kleben besser hinbekommt als wir.

Heinrich Zimmermanns

von

Wißloch in der Pfalz,

Reise um die Welt,

mit

Capitain Cook.

Mannheim

bei C. F. Schwan, kuhrfürstl. Hofbuchhändler,

1781.

„Herr Cook fiel tot zur Erde“

Es war Sensation und Skandal zugleich: Ein einfacher Handwerker schmuggelte seine Notizen von Bord der „Discovery“ – und veröffentlichte die wahre Geschichte von James Cooks Tod

Von Stefan Nink

Linke Seite Titel der Erstausgabe von Heinrich Zimmermanns Buch *Oben* John Webbers Gemälde „The Death of Captain Cook“, 1781

„Tags darauf brachten sie auch noch einige verstümmelte Gliedmassen, dann Cooks doppelte Flinte. Wir sahen nun ein, dass es unmöglich war, den Körper ganz oder noch andere Teile zu bekommen, und dass die übrigen schon aufgezehrt seien, daher begruben wir am 21. Februar diese Stücke mit den gewöhnlichen Zeremonien in die See."

Heinrich Zimmermann

Links **Heinrich Zimmermann schaffte es vom Handwerker zum Überseekapitän**

Unten **Streckenverlauf von James Cooks letzter Reise (1776 bis 1779)**

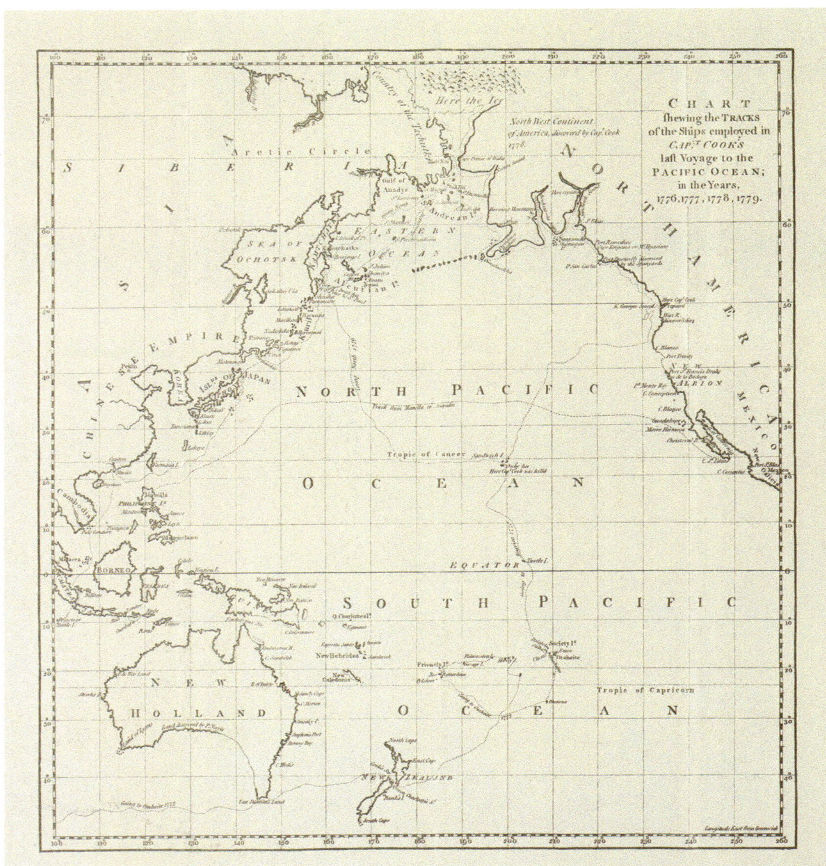

Das Tuch lag im Sand zwischen ihnen, der König mit seinen Untertanen auf der einen Seite, der Kapitän und die Matrosen auf der anderen. Eine alte Frau hatte es ausgebreitet und mit lautem Geschrei zu verstehen gegeben, dass das Volk es nicht dulde, wenn der Herrscher über diese Grenze geführt werde. Dennoch ergriff der Kapitän nun den Arm des Königs und versuchte, ihn über das Tuch zu ziehen.

Auf der anderen Seite hielten die Untertanen ihren Herrscher fest, 20, 30 Sekunden mag es hin und her gegangen sein. Als die ersten Steine geworfen wurden, feuerte der Kapitän mit seiner Schrotflinte in die aufgebrachte Menge. Hilfe suchend drehte er sich zu den Beibooten um. „Einer, der gleich hinter Herrn Cook stand, stieß ihm da einen eisernen Dolch zur rechten Schulter hinein und vorne auf der linken Seite zum Herzen heraus. Herr Cook fiel tot zur Erde."

Geschichte, heißt es, werde von den Siegern geschrieben, aber nicht immer ist das wahr. Manchmal sind es auch die Besiegten, die ihre Sicht der Dinge zur später gültigen machen – auch wenn sie nicht ganz der Wahrheit entspricht. Laut offiziellem Logbuch fiel der berühmteste Seefahrer seiner Zeit nämlich keineswegs unvermittelt tot ins Wasser. Stattdessen versucht James Cook „jedwedes weitere Blutvergießen zu verhindern", „den Booten die Feuereinstellung zu befehlen", Menschenleben zu retten und, möchte man hinzufügen, Britanniens noble Haltung in Situationen der Bedrängnis zu zeigen. Notiert und tradiert wurde dies allerdings von Männern, die das Geschehen am Strand von Hawaii durch Teleskope beobachteten, von Bord der „Discovery", Hunderte Meter entfernt.

Den tatsächlichen Ablauf jener schicksalhaften Minuten verdanken wir dagegen einem Augenzeugen, der mittendrin war im Handgemenge am Strand, in der offiziellen Geschichtsschreibung allerdings nie erwähnt wurde. Einem jener Männer, die Bert Brecht gemeint hat, als er in seinem berühmten Gedicht fragte, ob Cäsar die Gallier tatsächlich ganz allein besiegt habe. Oder ob er nicht zumindest noch einen Koch bei sich hatte.

Heinrich Zimmermann wurde am 25. Dezember 1741 in Wiesloch südlich von Heidelberg geboren. Er erlernte das Handwerk des Gürtlers (der keine Gürtel, sondern Metallgegenstände wie Beschläge und Tore herstellt) und befand, dass ihm die kurpfälzische Heimat zu eng sei. Zimmermann begab sich auf Wanderschaft. Er arbeitete in Genf, Lyon und Paris, als Schwertfeger, Schwermetallgießer sowie in einer Zuckersiederei. In London – damals die größte und wichtigste Stadt der westlichen Welt – hörte er davon, dass James Cook sich mit der „Discovery" und der „Resolution" auf eine neue Reise vorbereitete.

Zimmermann überlegte nicht lange. „Ich wollte nach dem mir angebohrnen frischen Pfälzermuthe auch noch versuchen, wie es auf der See herginge." Wenige Tage später brach er mit Cook zu dessen dritter Expeditionsreise auf. Er war 35 Jahre alt, gab sein Alter aber mit 25 an. Mit an Bord brachte er „ein kleines Schreibtäfelchen", in das er „das Hauptsächlichste ganz kurz und mit halben Worten in deutscher Sprache" notieren wollte.

Dass Seeleute aus anderen Ländern auf britischen Schiffen segelten, war im 18. Jahrhundert nicht ungewöhnlich, schon damals war die Seefahrt ein internationales Geschäft. Es kam auch immer wieder vor, dass Matrosen nach ihrer Rückkehr aus ihren Erinnerungen Profit zu schlagen versuchten. Dass sich aber ein einfaches Besatzungsmitglied im Anschluss einer Reise hinsetzte und die von Bord geschmuggelten Notizen zu einem Buch verarbeitete, wie Zimmermann es tat, und dieses dann auch veröffentlicht wurde – das war Sensation und Skandal zugleich. Man muss sich das vor Augen führen: ein einfacher Handwerker, der des Schreibens und Lesens mächtig ist und als Matrose unter dem berühmtesten Kommando der westlichen Welt anheuert. Und der von Beginn an den Mut und die Weitsicht hat, Erlebtes aufschreiben und veröffentlichen zu wollen. Zimmermanns „Reise um die Welt mit Kapitän Cook" erschien 1781. Bis heute liest es sich wie ein Abenteuerroman.

Vor allem füllt es eine große Lücke, weil es vom Alltag an Bord berichtet. Die Forscher auf Cooks Schiffen machten sich fast nur wissenschaftliche Notizen; selbst Georg Forster erwähnt in seinen umfangreichen Reiseaufzeichnungen von der zweiten Expedition die Bedingungen auf dem Schiff nur am Rand. Cook selbst wiederum vermied in seinen Logbuchaufzeichnungen alles, was später in London zu Ärger hätte führen können; seine Einträge sind so knapp wie emotionslos und reduzieren selbst weltbewegende Ereignisse auf eine Handvoll nüchterner Fakten.

Zimmermann aber ist mittendrin statt nur dabei. In lebendiger Sprache beschreibt er das Leben der einfachen Besatzungsmitglieder. Die Hitze, die Kälte, den Hunger, den Durst. Die Trauer über die Kameraden, die bei Sturm über Bord gehen. Die Verzweiflung, wenn die erhoffte Küste im Nebel sich als Schimäre erweist. Die Schönheit der hawaiianischen Frauen. Den Frust über die Reparaturarbeiten an der „Resolution", die vor Abfahrt nicht ordentlich instand gesetzt worden war (was später indirekt zum Tod Cooks beitragen sollte).

Über das eigentliche Ziel der Reise, die Nordwestpassage, schreibt Zimmermann ebenso wenig wie über taktische Überlegungen und kartografische Details. „Auch habe ich mich, mit gutem Bedacht, aller Erzählungen der Schiffs-Manövres enthalten", notiert er, „und nicht zu bestimmen gewagt, wie oft wir bey stürmischem Wetter die Segel einrefften oder gar einbüßten, wie viel Wendungen wir machten, um eine Landspitze zu umfahren."

Zimmermann war sich durchaus bewusst, dass er etwas Verbotenes tat. Die Admiralität erlaubte keinem einfachen Besatzungsmitglied, während einer Expedition Aufzeichnungen anzufertigen; selbst das mündliche Weitererzählen nach der Rückkehr war untersagt. Natürlich wollte man so neue Erkenntnisse vor der Konkurrenz geheim halten. Was ein britisches Schiff im Auftrag der Krone an Informationen über die Welt sammelte, durfte keinesfalls in die Hände anderer Mächte gelangen. Es ging

„Die Einwohner erzählten uns, dass wegen des von Herrn Cook dem König der Yamsinsel geschenkten Ziegenpaares unter beiden Inseln inzwischen Krieg entstanden, der König von Nihau dabei getötet und die Ziegen in Stücke zerrissen worden seien."

Heinrich Zimmermann

Oben **Die beiden Schiffe von Cook – „Resolution" und „Discovery" – vor der Küste Tahitis**

aber auch um die Wahrung der Deutungshoheit: Wenn der berühmteste Seemann seiner Epoche am Strand von Hawaii von „Wilden" erschlagen wurde, dann würden die hochrangigen Beamten in London bestimmen, auf welche Weise das geschehen war.

Über all dies setzt sich Zimmermann also hinweg. „Ist's denn aber nicht auch etwas Neues, etwas, das man von England nicht erwarten wird", fragt er mit einer gewissen Nonchalance gleich zu Beginn seines Buchs, „wenn ein Matrose seine Art, die Sachen anzustaunen, dem Publikum vorlegen wird?" Natürlich war es das, und bis heute verspürt man bei der Lektüre dieses Staunen des Heinrich Zimmermann in jenen Augenblicken, in denen sich für den Gürtler aus der Kurpfalz plötzlich eine neue, fremde, weite Welt öffnete. Feuerspuckende Vulkane! Riesige Braunbären! Zentnerschwere Schildkröten, die sich unter Deck stapeln ließen als lebende Fleischkonserven! Mit Cook sieht Zimmermann Kapstadt, Tasmanien, die Südseeinseln, Hawaii, den Pazifischen Nordwesten und Alaska. An einem Punkt der Reise erblickt er „in der Nähe des 66. Grads nördlicher Breite" plötzlich zwei Kontinente, Asien auf der einen, Nordamerika auf der anderen Seite des Schiffs. Auf der ganzen Welt gab es damals nur wenige Menschen, die dies zuvor gesehen hatten.

Zimmermann war sich bewusst, dass er mit dem größten Entdecker seiner Zeit reiste. James Cook war bereits zu Lebzeiten eine Legende, und obwohl Zimmermann den Kapitän in seinen Aufzeichnungen mehrmals tadelt, zum Beispiel, als er nach dem Diebstahl einer Ziege auf Moorea Hütten und Kanus der Einheimischen zerstören lässt – „den Schaden, der den Einwohnern dadurch verursacht worden ist, können sie in einem Jahrhundert schwerlich mehr ersetzen" –, schildert er ihn dennoch als umsichtigen, fürsorglichen Befehlshaber, der um das Wohlergehen seiner Mannschaft besorgt war und fremden Kulturen aufgeschlossen und interessiert begegnete.

„Die Unerschrockenheit war sein Hauptmerkmal", schreibt Zimmermann. „An den unbekannten Küsten von Amerika lief er in nebeligen Nächten mit vollen Segeln und schlief dabei ruhig; und öfters dagegen, wenn niemand Gefahr vermutete, kam er auf das Verdeck, veränderte den Lauf des Schiffes, weil Land nahe war, so dass jedermann glaubte, er habe besondere geheime Zeichen, aus denen er die Gefahr wahrnehmen könne." Und, wenige Zeilen später: „Ich glaube nicht, dass England einen tapfereren Seeoffizier gehabt hat als ihn."

Cook starb am 14. Februar 1779 in der Kealakekua-Bucht im Westen Hawaiis, als er nach dem Diebstahl eines Beiboots den lokalen Herrscher als Geisel festsetzen wollte. Ein Dutzend Mal zuvor hatte sich das als probates Mittel erwiesen. Dieses Mal nicht. Zimmermann und andere Matrosen versuchten, seinen Leichnam zu bergen, mussten sich aber vor der aufgebrachten Menge zurückziehen. Ein Teil der sterblichen Überreste wurden den Engländern später übergeben, „ein Stück vom Kopf, etliche abgenagte Beine und die rechte Hand von Herrn Cook".

Die Schiffe unternahmen anschließend weitere Anläufe, die Nordwestpassage zu finden, nach Cooks Tod aber schien dem Kommando der Elan ausgegangen zu sein. „Alles auf den Schiffen war verstummt, niedergeschlagen, empfand, seinen Vater verloren zu haben", schreibt Zimmermann – Sätze, die ein offizieller Chronist so niemals hätte notieren dürfen.

Nach fast viereinhalb Jahren auf See kehrt Zimmermann 1780 an Bord der „Discovery" nach Europa zurück. Er besucht Georg Forster, der gerade Fragmente über Cooks letzte Reise plant und Zimmermann über seine Erlebnisse und Beobachtungen ausfragt. Als dessen Aufzeichnungen dann ein Jahr später erscheinen, rezensiert Forster sie hochmütig und bemäkelt Rechtschreibfehler.

Das Buch des Matrosen aus der Kurpfalz wird dennoch ein ziemlicher Erfolg. Bei C. F. Schwan in Mannheim werden mehrere Auflagen gedruckt, in Bern und St. Petersburg erscheinen französische und russische Ausgaben, auch eine holländische Übersetzung war im Handel. In England aber scheint der Admiralität eine Veröffentlichung nicht genehm gewesen zu sein. Obwohl es bereits damals eine Übersetzung gab, erschien sie erst 1926 – fast anderthalb Jahrhunderte später.

Zimmermann wurde eine Berühmtheit: als der Matrose, der mit James Cook die Welt umsegelt hatte und bei dessen Ermordung dabei war. Vorausschauend hatte er sein Buch dem Statthalter der Kurpfalz in Mannheim gewidmet, worauf Kurfürst Karl Theodor, der damals in München lebte, Zimmermann zum „Churfürstlichen Leibschiffmeister" am Starnberger See berief; die Ernennung beinhaltete die Oberaufsicht über den Schiffsverkehr und eine großzügige Pension von 400 Gulden jährlich.

Das ruhige Leben hielt Zimmermann allerdings nicht lange aus. Ihm war der Binnensee südlich von München ein viel zu kleines Gewässer. Als man ihn fragte, ob er als Offizier an einer österreichischen Expedition teilnehmen wollte, die um die Welt führen und Handelsmöglichkeiten mit China und Japan ausloten sollte, sagte Zimmermann erfreut zu – auch weil an Bord der „Cobenzell" drei Männer segeln sollten, die er von Cooks „Discovery" kannte.

Als sich der Kaiser in Wien weigerte, das Unternehmen zu finanzieren, wurde es abgesagt. Auch eine geplante Reise an die Nordwestküste Amerikas unter neapolitanischer Flagge scheiterte, genau wie eine von Zimmermann ausgearbeitete russische Expedition in den Pazifik. Stattdessen segelte er dann im Auftrag eines belgischen Bankiers als Kapitän von Ostende nach Indien – eine Reise, die er 1791 ein zweites Mal erfolgreich absolvierte.

Falls er sich auf diesen Fahrten Notizen gemacht hat, sind sie verschollen. Zimmermann kehrte zurück an den Starnberger See. Der Mann, der es vom wandernden Handwerker zum Kapitän von Überseeschiffen gebracht hatte, starb 1805 im Kreis seiner Familie.

Stefan Nink, Jahrgang 1965, Journalist in Mainz, hat schon immer ein Faible für Menschen, die bei den großen Ereignissen der Weltgeschichte dabei waren, es aber nie in die Geschichtsbücher schafften.

Noch immer aktuell

Leserbrief in mare No. 152 von Fred G. Weigert („Geistige Verbrecher") zu mare No. 150, Titel „Marx und Engels"

Ich dachte immer, dass die „Zeitschrift der Meere" von toleranten Menschen mit einem gewissen Anspruch gelesen wird. Doch ich scheine zu irren. Marx und Engels als „geistige Verbrecher" zu bezeichnen weist darauf hin, dass sich Herr Weigert niemals mit dem Werk von Marx und Engels auseinandergesetzt hat. Warum gibt es dann noch Karl-Marx-Straßen und -Alleen in Berlin? Vielleicht sollte er einmal „Das Kapital" lesen. Nach fast 200 Jahren ist es in vielen Teilen noch immer aktuell, auch wenn sich die kapitalistische Gesellschaft ständig verändert. Sicherlich wird heute nicht mehr vorrangig der Arbeiter (wie im 19. Jahrhundert) ausgebeutet. Heute geht es um grenzenlosen Rohstoffabbau (egal wo auf dieser Welt) und Schäden an der Umwelt. Nur durch unser Verhalten lassen sich Probleme wie die Umwelt- und Meeresverschmutzung, Klimaerwärmung usw. beeinflussen. Grenzenloser Konsum trägt mit Sicherheit nicht zur Lösung der anstehenden Probleme bei. Hier noch ein Marx-Zitat: „Gewinne werden privatisiert (Aktionäre), Verluste sozialisiert (Steuerzahler)." Ich erinnere nur an die finanzielle Unterstützung unter anderem für die Lufthansa während der letzten Jahre. Bleiben Sie weiterhin so offen für alle Themen.

Klaus-Peter Höhne, per E-Mail

Sehr schön, dass Sie den Leserbrief von Herrn Weigert aus Kleinmachnow mit seiner „ethischen Grundüberzeugung" zum Besten gegeben haben. Ich denke, noch mehr Kreativität für Ihr Heft geht nicht. Doch nun zum Heft: Ich sitze in der Küche, habe über einen Streamingdienst Erland Coopers Musik im Ohr („Holm" – könnte auch Holm in Schleswig sein) und lese Ihren Artikel „Klang-Wellen". Herrlich, bitte genau so weitermachen! Es war mir ein Anliegen, auf den Leserbrief des Herrn Weigert zu reagieren und Ihnen – viel, viel wichtiger – meine Küchentischsstimmung zu dem Orkneys-Artikel mitzuteilen.

Jörg Baumann, Berlin

Wir freuen uns über Ihre Briefe, müssen uns aber Kürzungen vorbehalten.
mare Leserbriefe,
Pickhuben 2,
20457 Hamburg,
mare@mare.de

Mein Hooge, *23.*

Unser Kolumnist reiste als Jugendlicher achtmal nach Hooge. Jetzt, nach 30 Jahren, erkundet er die Hallig erneut, als Erwachsener, als Stadtmensch, mit tausend Fragen im Gepäck. Heute besucht er den Friedhof

Von Jan Keith

MEINE FRAU HAT EINE LEIDENSCHAFT, DIE ICH bis heute nur schwer teilen kann. Sie liebt Friedhöfe. Sie sagt, Friedhöfe seien inspirierende Orte voller Geschichte und Geschichten.

Das mag zwar sein. Ich persönlich bevorzuge dennoch Plätze, wo das Leben zelebriert wird und nicht der Tod.

Weil ich aber ihren Enthusiasmus nicht bremsen will, pflegen wir seit Jahren ein eigenwilliges Ritual. Jedes Mal, wenn wir in den Urlaub fahren, besuchen wir als Erstes den örtlichen Friedhof. Egal wo, ob in Miami Beach, New York, Auckland oder St. Peter-Ording. Und während wir von Grabstein zu Grabstein irren, nehmen andere schon ihren ersten Drink am Strand. Ich bin dann immer sehr neidisch auf die anderen.

Ihr diesen Spleen abzugewöhnen ist aussichtslos. Also bin ich dazu übergegangen, selbst nach Friedhöfen zu fahnden, die meiner Frau gefallen könnten – und habe nun ein wahres Schmuckstück gefunden: den Friedhof auf Hallig Hooge.

Zugegeben, er ist winzig (er zählt nur ein paar Dutzend Gräber), und er ist kein jüdischer (meine Frau liebt jüdische Friedhöfe). Und es gibt auch kein Grab eines vergessenen deutschen Dichters (meine Frau liebt vergessene deutsche Dichter). Und doch ist der Hooger Friedhof etwas ganz Besonderes.

Das fängt schon damit an, dass dort lauter Menschen liegen, die gar nicht tot sind. Zumindest streng juristisch betrachtet. Denn bis 1956 war es auf Hooge gar nicht möglich, amtlich zu sterben, weil es damals (wie heute) keinen Arzt auf der Hallig gab und somit niemanden, der den Totenschein ausstellen konnte. Erst ein Erlass des Husumer Landrats erlaubte es schließlich dem Hooger Bürgermeister, diesen bürokratischen Akt durchzuführen.

Mit ihren Toten – oder soll ich besser Nichttoten sagen? – hatten es die Hooger sowieso noch nie leicht. Erst ging ihr Friedhof bei der Zweiten Marcellusflut von 1362 unter (Reste der Grabstätten und Gebeine fand man in den 1970er-Jahren im Watt). Anschließend besaßen die Hooger über viele Jahrhunderte überhaupt keinen Friedhof mehr. Ihre Verstorbenen mussten sie notgedrungen irgendwo im Halligboden verscharren oder umständlich nach Pellworm bringen.

Als 1622 der Herzog endlich den Bau einer eigenen Hooger Kirche samt Friedhof genehmigte, legten die Hooger Bauern hastig zusammen und kauften eine Warft. Doch weil das Geld für den Bau der Kirche selbst fehlte, nutzten die Hooger den leeren Warfthügel erst einmal als reinen Friedhof. Immerhin, besser als nichts.

Das also war der Beginn. Allzu viel hat sich seither nicht verändert (nur Kirche und Pastorat kamen später hinzu). Der Friedhof ist nach wie vor so klein, dass die Grabsteine aus Platzgründen beidseitig beschriftet sind. Und nach wie vor gibt er sich bescheiden, eine einfache Wiese mit Grabsteinen, ganz anders als die opulenten Kapitänsgrabstätten auf Föhr oder Amrum.

Diese Schlichtheit ist Ergebnis einer ungerechten Hooger Praxis: Wer arm war, musste nämlich mit einem Grab draußen vor der Kirche vorliebnehmen – daher die vielen simplen Grabsteine. Wer dagegen reich war, durfte rein in die Kirche, und zwar unter die Kirchenbank.

Früher gehörte nämlich jeder wohlhabenden Familie – meist einer Kapitänsfamilie – exklusiv eine eigene Kirchenbank, auf der beim Gottesdienst Platz genommen wurde. Wenn ein Familienmitglied starb, wollte man es nicht dem Hooger Schmuddelwetter aussetzen und begrub es praktischerweise gleich unter der Bank, im Trockenen. Das kostete, war aber technisch kein Problem, weil der unbefestigte Hooger Kirchenboden bis heute aus Sand und Muscheln besteht.

Für die Armen blieb somit nur der ungeliebte Außenplatz. Erst 1812 wurde diese Tradition verboten, weil der Verwesungsgeruch in der Kirche unerträglich geworden war.

Seitdem liegen sie gemeinsam draußen, die Armen und die Reichen, allesamt mit ihren schönen oder traurigen Lebensgeschichten, über die ich mich erkundigt habe. Eine hat mich besonders berührt, und zwar die des alten Ehepaars, das am 28. Juni 1951 im Hooger Hafenbecken gemeinsam, Händchen haltend, ins Wasser ging.

Eine tragische Geschichte. Und es gibt noch mehr.

Aber ich will jetzt nicht zu viel spoilern. Schließlich soll dieser Text endlich einmal meine Frau nach Hallig Hooge locken.

Illustration: Orlando Hoetzel

TEXT: WILLI WINKLER FOTOS: DOMINIQUE TARLÉ

EIN BESONDERS HEISSER SOMMER

Als Steuerflüchtlinge zogen die Rolling Stones 1971 aus England an die Côte d'Azur. Eine Villa in Villefranche wurde für sechs rauschhafte Monate zum Ferienlager der etwas anderen Art

1971

Vorige Doppelseite **Von links: Anita Pallenberg, Keith Richards, Gram Parsons und Gretchen Burrell in der Villa Nellcote.** *Unten* **Mittagspause auf der Terrasse.** *Darunter* **Mick Jagger beim Dinner**

Rechte Seite oben **Richards mit Freundin Pallenberg und Sohn Marlon auf dem Filmfestival in Cannes.** *Darunter* **Pallenberg, ehemalige Internatsschülerin am Ammersee, Model und Muse**

DIE ROLLING STONES WAREN RETTUNGSLOS PLEITE. ES BLIEB IHNEN NICHTS ANDERES ÜBRIG, ALS DEM VORSCHLAG IHRES NEUEN FINANZBERATERS ZU FOLGEN UND DAS WEITE ZU SUCHEN

WELL I NEVER KEPT A DOLLAR PAST SUNSET * IT ALWAYS BURNED A HOLE IN MY PANTS * NEVER MADE A SCHOOL MAMA HAPPY * NEVER BLEW A SECOND CHANCE, OH NO ...

SIE HATTEN TODESANGST IN ALTAMONT ausgestanden, als vor der Bühne ein Zuschauer erstochen wurde, sie wurden Zeugen, wie die Beatles, ihre besten Freunde und die schärfste Konkurrenz, vor aller Augen zerbröselten, sie hatten die Trennung von ihrem Gitarristen Brian Jones überlebt, sie waren von immer neuen Drogen abhängig geworden, aber endgültig erledigt hätte sie beinahe das Finanzamt.

1970 waren die Rolling Stones rettungslos pleite. Ihr Manager hatte ihnen mehr Geld versprochen und sie dann nach Strich und Faden ausgeplündert. Bei ihren inzwischen akkumulierten, wenn auch nie versteuerten Einnahmen drohte eine Abschöpfung von 93 Prozent. Die Nachforderungen des Finanzamts waren so ungeheuer, dass ihnen jeder neu eingenommene Schilling weggepfändet worden wäre. Es blieb ihnen nichts anderes übrig, als dem Vorschlag ihres neuen Finanzberaters zu folgen und das Weite zu suchen.

Zu Beginn des neuen britischen Fiskaljahrs am 5. April 1971 übersiedelten Mick Jagger, Charlie Watts, Bill Wyman und der neue Gitarrist Mick Taylor mit Mann und Maus, mit Frauen und Kindern, nach Frankreich und ließen sich, jeder für sich, in den Hügeln über der Côte d'Azur nieder. Keith Richards, der sich noch schnell einer Entziehungskur unterziehen musste, hatte sich von einer Assistentin etwas Passendes suchen lassen und staunte dann nur so über seine neue Liegenschaft in der Bucht von Villefranche: „Wer ist denn hier für die Einrichtung zuständig gewesen? Diese wahnsinnige Marie Antoinette?"

Nellcote war dekadenter, als selbst Richards sich das hätte träumen lassen. Die Villa auf der Halbinsel Saint-Jean-Cap-Ferrat war in den besten Jahren der Belle Époque über dem blauen Meer erbaut worden, sie prunkte mit ionischen Marmorsäulen, einem riesigen Lüster, einem Speisesaal für größere Bankette und verfügte zudem über einen dämpfigen Keller, von dem man sich raunend erzählte, die Gestapo habe dort Gefangene gefoltert. Dazu passte die nicht weniger liebevoll tradierte Legende, es habe sich im Garten eine Kiste mit Morphiumampullen gefunden, jede einzelne, vermutlich als Wirkungsverstärker, versehen mit einem Hakenkreuz. Nach dem trüben und noch winterkalten England war Keith begeistert vom Blick aufs Meer und mietete Nellcote für monatlich 10 000 Pfund.

Diese Küste war seit je ein Traumort für Leute, die sich, wie der Schriftsteller W. Somerset Maugham oder Graham Greene, dieses Exil leisten konnten. Zelda Fitzgerald erlebte hier in den 1920ern die Affäre, die ihre Glamourehe mit Scott zerstörte. Nach dem Zweiten Weltkrieg fiel der internationale Jetset ein, in Monaco vermählten sich europäischer und Hollywood-Glanz, als Fürst Rainier die Schauspielerin Grace Kelly heiratete.

Die Rolling Stones passten da nicht hin, nicht vor 50 Jahren, aber heute gehört ihr luxuriöses Exil zum mythischen Zauber der Côte d'Azur. Während sich die Beatles von der Queen einen Orden umhängen ließen, legten die Stones größten Wert auf ihr Image als böse Buben, pinkelten neben einer Tankstelle an die Wand und genossen die unvermeidliche Erregung der Öffentlichkeit. Mehrmals waren sie der Polizei in die Hände gefallen, waren wegen Drogenverstößen vor Gericht gekommen, Mick Jagger und Keith Richards hatten sogar

Lesen Sie bitte weiter auf Seite 83

Keith Richards und Anita Pallenberg. Der Gitarrist der Rolling Stones war Hauptmieter der Villa, seine Assistentin hatte das Anwesen für ihn gefunden

NELLCOTE WAR DEKADENTER, ALS SELBST KEITH RICHARDS SICH DAS HÄTTE TRÄUMEN LASSEN. ER WAR BEGEISTERT VOM BLICK AUFS MEER UND MIETETE DIE VILLA FÜR MONATLICH 10 000 PFUND

D S M O

Vorherige Doppelseite **Richards unterwegs. In seinem Jaguar Typ E** *(rechts)* **machte er die Umgebung unsicher.** *Ganz oben* **Jagger auf Spritztour mit Motorrad. Er hatte es am Morgen in Nizza gekauft**

Darunter **Keith Richards in Saint-Jean-Cap-Ferrat.** *Rechte Seite oben* **Mick Jagger und Jake Weber, heute Schauspieler, damals Sohn des Drogenlieferanten.** *Darunter* **Richards vor seiner Villa**

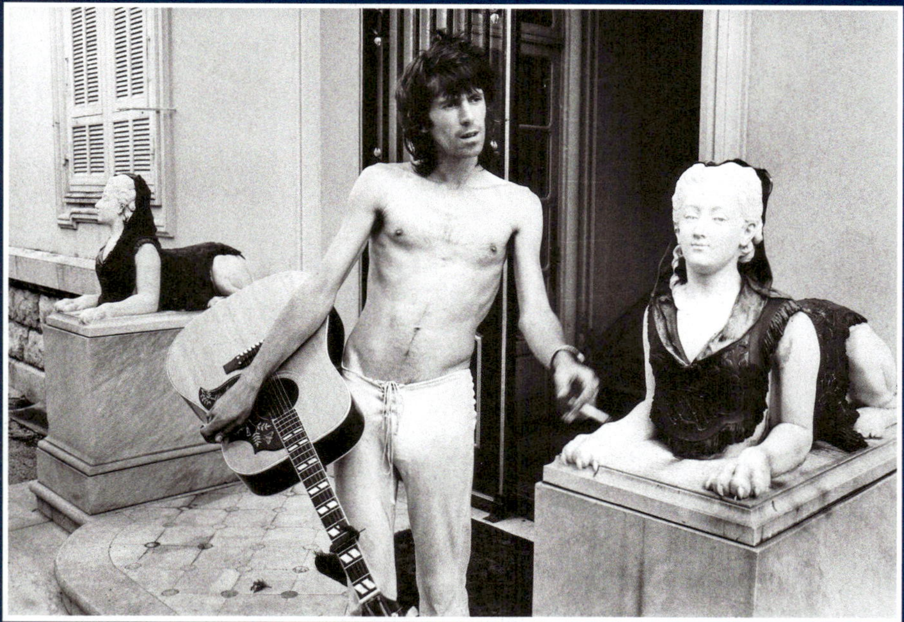

SIE PASSTEN NICHT AN DIE CÔTE D'AZUR. WÄHREND DIE BEATLES SICH VON DER QUEEN EINEN ORDEN UMHÄNGEN LIESSEN, LEGTEN DIE ROLLING STONES GRÖSSTEN WERT AUF IHR IMAGE ALS BÖSE BUBEN

ALWAYS TOOK CANDY FROM STRANGERS * DIDN'T WANNA GET ME NO TRADE * NEVER WANT TO BE LIKE PAPA * WORKING FOR THE BOSS EV'RY NIGHT AND DAY ...

einige Tage im Gefängnis verbracht. Sie verglichen sich prompt mit Oscar Wilde, der, obwohl ein berühmter Schriftsteller, zu einer Gefängnisstrafe verurteilt worden war und nach seiner Freilassung ins Exil gehen musste.

Die Rolling Stones mussten nicht länger in Haft, sondern nur eine Platte einspielen. Ohne eine neue Platte konnten sie nicht auf Tournee gehen, und ohne Tournee hatten sie kein Geld, schon gar nicht für den Dauerexzess, den sie sich in Keith' Haus leisteten. Dort begann eine unendliche Sommerorgie in der vorschriftsmäßigen Verbindung von Sex und Drogen. Folgt man Robert Greenfields farbiger Reportage „A Season in Hell With the Rolling Stones", dann spielten die Musiker so ausgelassen Ferienlager, dass sich Anita Pallenberg, Keith Richards' Freundin, im Rückblick nur wundern konnte, dass es dabei keine Toten gab.

Keith, der kein Wort Französisch konnte, bretterte vollgepumpt mit Heroin im Motorboot aufs offene Meer hinaus und musste sich mehrmals von der Küstenwache helfen lassen, wenn ihm draußen das Benzin ausgegangen war. An Land rammte er mit seinem Jaguar ein anderes Auto, drohte seinen Opfern mit einer Pistole und konnte sich nur mit allerlei Demutsgesten aus dem Zugriff der Polizei befreien.

Umso fester hielten ihn und Anita die Dealer im Griff, weil er ständig Nachschub für seine nie gestillte Sucht brauchte. Als die Mafiosi aus Marseille um ihr Honorar fürchteten, plünderten sie Nellcote am helllichten Tag, und Keith war fast alle seine Gitarren los. Dazu mussten Anita und er auch noch fürchten, dass die Gangster ihren Sohn entführten.

Die größte Bedrohung für den Fortbestand der Rolling Stones kam aber nicht durch die Drogenabhängigkeit ihres wichtigsten Musikers, nicht von der Polizei, die sich diese seltsamen Vögel gern gegriffen hätte, auch nicht von den korsischen Gangstern, es war eine Frau.

Da die Geschichte in Frankreich spielt, muss es ein *coup de foudre* gewesen sein: Mick Jagger brachte aus Paris Bianca Pérez-Mora Macías mit, eine Frau, ihm wie aus dem Gesicht geschnitten, nach Marianne Faithfull, die dafür dran glauben musste, die Erfüllung all seiner Träume: „Mick hat endlich seinem Narzissmus ganz nachgegeben und sich selbst geheiratet."

Dafür war ihm nichts zu schade. Mick Jagger kaufte Ringe bei Dior, nahm, damit die Trauung formvollendet katholisch vor sich gehen konnte, im Schnelldurchgang Katechismusunterricht bei einem französischen Abbé und verzog keine Miene, als bei der Zeremonie ein Medley aus der Filmmusik von „Love Story" erklang. Aber Mick wäre nicht Mick gewesen, wenn er seiner Künftigen am Hochzeitsmorgen nicht einen Ehevertrag hingeschoben und sie zum Unterschreiben genötigt hätte.

Die 72 besten Freunde wurden mit einem Charterflug aus London geholt, darunter Paul McCartney, Ringo Starr und Eric Clapton. Die geplante Jam-Session mit Jagger auf der Bühne versandete irgendwann um vier Uhr morgens. Keith war zu betrunken dafür. Er fand diese Hochzeit ganz in Weiß, dieses ganze Gieren nach gesellschaftlicher Anerkennung nur zum Kotzen. Die Hochzeitsreise ging hinaus aufs Meer. Begleitet von einer kleinen Crew, segelte das junge Glück, verfolgt von Paparazzi, von Cannes aus Richtung Sardinien. Die anderen blieben zurück, sie konnten nur warten. Noch war keine einzige Note aufgenommen, kein Ton auf Band, zu schweigen von einer Platte, der Voraussetzung für die Tournee, ohne die sie weiter ohne Einnahmen wären. Die Katastrophe ging weiter.

Erst nach der Rückkehr von Mick Jagger konnte die Arbeit beginnen. Jetzt waren alle gegenseitig eifersüchtig. Hatte früher kein Notenblatt zwischen sie gepasst, so verübelte Keith seinem besten Freund jetzt die Frau, die ihn von der Arbeit ablenkte. Mick wiederum beneidete Keith um Gram Parsons, mit dem er stundenlang jammte, während der Sänger auf Material zu warten hatte. Erst recht eifersüchtig war Keith auf Bianca, Bianca natürlich auf Anita, die wiederum Bianca hasste.

Alles hing an Keith, er musste die Riffs finden, auf die sich Jagger einen Reim machen konnte, aber um seine Musik zu finden, musste er sie erst spielen, und um spielen zu können, brauchte er Hilfe, brauchte er Anita, brauchte er vor allem Heroin. Heroin wurde sein „Schutzwall gegen den alltäglichen Wahnsinn", wie er Jahrzehnte später, nicht ohne Fans und Leser davor zu warnen, es ihm gleichzutun, in seinen Memoiren schreibt. Manchmal verschwand er mitten in einer Aufnahme für Stunden, um sich einen Schuss zu setzen und

Lesen Sie bitte weiter auf Seite 86

Keith Richards am Eingangsportal von Nellcote. Wer alles in jenem Sommer durch diese Pforte schritt, war schon damals niemandem mehr richtig klar

ES BEGANN EINE UNENDLICHE SOMMERORGIE IN DER VORSCHRIFTS-MÄSSIGEN VERBINDUNG VON SEX UND DROGEN

Ganz oben Keith Richards am Boden, aber noch bei Bewusstsein. *Darunter* Richards im Einsatz als Familienvater mit seinem Sohn Marlon, umgeben von einigen der ständig wechselnden Gäste in Nellcote

Rechte Seite oben Bianca Jagger schminkt Mick. Sie heirateten in Saint-Tropez, zu Gast waren Eric Clapton, Ringo Starr und Paul McCartney, eine geplante Session fiel aus, weil Richards *(darunter)* betrunken war

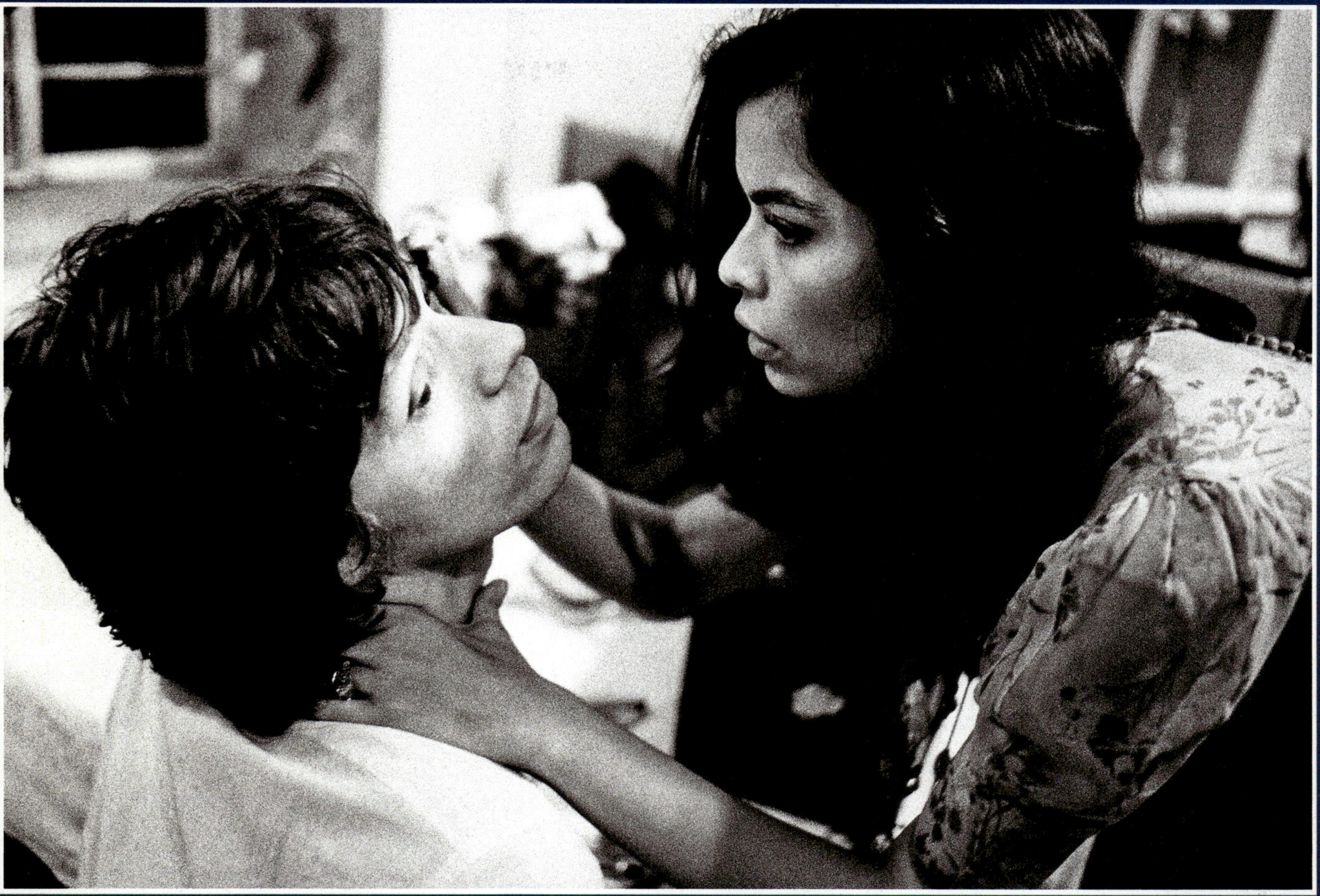

Am Pool des „Grand-Hôtel du Cap-Ferrat": Mick Jagger, Keith Richards, eine Flasche Champagner und ein Strahlen, das ausnahmsweise von der Sonne kam

davon wegzusacken, dann wieder konnte er Tage durcharbeiten. „Mein Rekord liegt bei neun Tagen am Stück." Es war ein einziger Exzess.

Einen Beweis für das ewige Leben hat bisher noch keiner erbringen können, aber Keith Richards ist dem schon sehr nahe gekommen. Was er an Drogen in sich hineingefüllt hat, hätte ihn mehrmals umbringen müssen. Er hat es wundersamerweise überlebt. Er hat das Finanzamt und er hat Südfrankreich überlebt und, soweit man weiß, die harten Drogen hinter sich gelassen, und er steht immer noch auf der Bühne und spielt.

Der Umzug nach Frankreich sollte sie retten, aber er wäre beinah das Ende der Rolling Stones geworden. Es kam jedoch anders: Frankreich ließ die Rolling Stones unkaputtbar werden. In der Bilanz kostete sie die Steuerflucht nach Frankreich vermutlich so viel, wie sie durch den Wegzug in England eingespart hatten. Aber auch wenn man nichts von den Drogen weiß, nichts von den Eifersüchteleien und den Affären – „Exile On Main Street" ist nicht nur als Steuersparmodell einzigartig.

Das Album sollte erst „Tropical Disease" heißen, Tropenkrankheit, was natürlich ein bisschen übertrieben wäre, die Côte ist noch nicht Afrika, aber für geborene Engländer doch schon ziemlich warm. Das halbe Jahr in Nellcote verlief aber tatsächlich wie eine unkontrollierbare Fieberkurve. Der Erfolgsdruck war enorm, aber schließlich hatten sie so viel auf Band aufgenommen – der Strom dafür standesgemäß illegal von der Überlandleitung abgezapft –, dass es nur ein Doppelalbum fassen konnte. Mit Klassikern wie „Tumbling Dice" und „Rocks Off" gehen sie heute noch auf Tournee. Und wenn Keith dann sein Lied singt, „Happy", an einem Nachmittag in vier Stunden aufgenommen und fast alle Instrumente selbst eingespielt, dann ist das Flair von Nellcote 1971 wieder da. Das Anwesen, auch das ist Teil der Geschichte, gehört heute einem russischen Oligarchen.

Wie die Berliner Waldbühne und der „Marquee Club" in London ist für den Rolling-Stones-Fan Willi Winkler die Villa Nellcote ein mythischer Ort. Zu gern hätte der Autor das Anwesen durchwandert, doch das Haus ist nicht zugänglich, weder vom Meer aus noch von der Landseite, ganz so, als wollte es weiter das Geheimnis bewahren, wie der Band in ihrer wildesten Zeit das Album „Exile On Main Street" gelang.

Dominique Tarlé war seinerzeit mehr Freund der Band als Fotograf, aus einer nachmittäglichen Foto-Session in Nellcote wurde auf Einladung Keith Richards' ein sechsmonatiger Aufenthalt. Keine Agentur, kein Magazin wollte damals seine Bilder kaufen, erst 2001, anlässlich der Veröffentlichung einer Deluxe-Edition des Albums, kamen sie zu ihren Ehren.

EINE INSEL DER GROSSEN GEFÜHLE

Hydra *(linke Seite)* hat sie alle aufgenommen, oft traf man sich abends in der „Douskos Taverna" *(oben)*: Cohen (Dritter von links), rechts daneben Charmian Clift, daneben George Johnston und, Cohen zugewandt, Marianne Ihlen, auf dem Boden sitzend Axel Jensen

1960 suchte der junge kanadische Dichter Leonard Cohen Inspiration fern der Heimat und fand auf der ägäischen Insel Hydra nicht nur Gleichgesinnte, sondern auch das Glück. Mit einer Frau, deren Namen er später berühmt machen würde: Marianne Ihlen

TEXT: MARTINA WIMMER
FOTOS: JAMES BURKE

COME OVER TO THE WINDOW, MY LITTLE DARLING * I'D LIKE TO TRY TO READ YOUR PALM * I USED TO THINK I WAS SOME KIND OF GYPSY BOY * BEFORE I LET YOU TAKE ME HOME

WO DIE LIEBE HINFÄLLT. ABER STELLT MAN SIE sich nicht eher schwebend vor, die Liebe? Langsam und leicht in der Luft tanzend wie der Hauch eines mediterranen Frühlings? Es war ein später Morgen im Mai des Jahres 1960, als eine junge Frau im „Katsikas" stand, um Milch für ihr wenige Monate altes Kind zu kaufen. Am Arm einen Korb, ihr sonnengebleichtes Haar so hell wie das weiße Hemd, das sie trug, ein gestreifter Faltenrock umspielte ihre gebräunten Beine. Es ist ein malerisches Bild, das sich eingebrannt hat in die Köpfe all jener, die auf der Insel bis heute nach ihrer und seiner Geschichte suchen. Sie hat es selbst gezeichnet, wann immer sie gefragt wurde, nach diesem Moment, in dem eine große Liebe begann. Und natürlich konnte sie wie jede, wie jeder, der Ähnliches erlebt hat, beschreiben, was er trug, wie er aussah, als seine dunklen Augen ihr nordisches Strahlen trafen. Leger gekleidet, Khakihose, grün verwaschenes Hemd, Stoffturnschuhe, die billigen, die es damals in Griechenland an jeder Ecke zu kaufen gab. Aber mit der Aura eines Gentleman. Er stand in der Tür des Ladens, die Sonne im Rücken, es hätte deren Blendwerk wohl nicht gebraucht, um ihm zu erliegen, seine Stimme hat später Millionen Menschen auf der ganzen Welt betört. Er sagte: „Möchtest du dich zu uns gesellen? Wir sitzen draußen." Wer wollte damals schon ahnen, dass eines seiner berühmtesten Lieder ihren Namen tragen würde? Wer wollte damals schon an den Abschied denken, den es besang?

„Now, so long, Marianne / It's time that we began / To laugh and cry / And cry and laugh about it all again"

Marianne Ihlen war 22 Jahre alt, als sie der Enge ihres Elternhauses in Oslo entfloh, wo Mutter und Vater keine zärtlichen Worte mehr füreinander hatten. Der Krieg hatte sie ihnen genommen, in dem der Vater an Tbc erkrankt war und einen Teil seiner Lunge verloren hatte. Ein stets Leidender war er geworden, ein Anwalt, der seinen Beruf nicht mehr ausüben konnte, es blieb ihm die Rolle als Haustyrann. Die Mutter fügte sich duldsam in ihr Schicksal. Das Kind, darin waren sie sich wenigstens einig, sollte es besser haben, eine gute Partie machen und derweil die hübsche Sekretärin bleiben, die sie nach Abschluss der Handelsschule geworden war. Das Kind aber hatte den Jazz entdeckt und die Künstlercafés der norwegischen Hauptstadt und vorher noch einen jungen Mann, der nichts anderes sein wollte als Schriftsteller und sich kräftig in der unberechenbaren Besessenheit übte, die dafür möglicherweise nötig war. Mit Axel Jensen zog sie gen Süden, in einem blauen VW Käfer, den das Paar in Hamburg gekauft hatte und in Ermioni im Garten einer Pensionswirtin parkte, um ein Schiff zu besteigen. Ein redseliger Grieche an Bord verkürzte die Suche nach dem Paradies, er sagte: „Es gibt Hunderte von Inseln in diesem Meer, wenn ihr nicht wisst, wo ihr hinwollt, werdet ihr euch niemals entscheiden können. Steigt beim ersten Halt aus. Hydra ist die schönste Insel der Ägäis."

Leonard Cohen war der Spross einer wohlhabenden jüdischen Familie aus Montreal, ein artiger Junge mit einem ebenfalls kränklichen Vater, der an den Spätfolgen seiner Verletzungen aus dem Ersten Weltkrieg starb, als der Sohn neun Jahre war. Die Stimmungen der aus Russland eingewanderten Mutter schwankten schon vorher bedenklich, Haus- und Kindermädchen bewältigten den Alltag für Leonard und seine Schwester. Ein Frauenhaushalt, in dem der Heranwachsende seine späteren Kernkompetenzen auf ungewöhnliche Weise trainierte. Als Teenager übte er sich in Hypnose, versetzte ein Dienstmädchen in tiefe Trance und leitete sie an, sich auszuziehen. Die Sätze des Lehrbuchs, das er dafür studiert hatte, scheinen wie ein Vorgriff auf sein späteres Auftreten als Sänger: „Ihr Gesichtsausdruck sollte ungerührt und ernsthaft sein. Lassen Sie Ihre Stimme tiefer und tiefer werden, bis Sie nahezu flüstern. Halten Sie einen Moment inne. Sie werden scheitern, wenn Sie versuchen, allzu schnell zu sein." Der Junge begann außerdem Gedichte zu formen, wurde zum akribischen Wortfinder, in der Schule, an der Uni, reihte sich in einen Zirkel Intellektueller und Künstler ein. In langen durchzechten Nächten erforschten sie die Poesie ihrer Vorbilder, Lorca, Yeats, Wordsworth, Byron, und Leonard schrieb und schrieb, kaum jemand, so heißt es, habe ihn jemals ohne Notizbuch gesehen.

Und natürlich musste einer, der so rastlos auf der Suche nach dem eigenen Ausdruck war, weitere Kreise ziehen. Mit einem Stipendium in der Tasche beschloss er, großen Gedanken hinterherzureisen, nach Jerusalem, London, Rom, Athen. Doch letztlich wies ihm das Wetter in London den Weg. Es dauerregnete, ein braun gebrannter, gut gelaunter Angestellter einer Bank erzählte vom Licht und der Sonne der Heimat, er arbeitete für die Bank of Greece. Und hatte nicht unlängst auf einer der vielen Partys, die Leonard Cohen den Kopf vernebelten, der junge Jacob Rothschild von jener Insel namens Hydra erzählt, wo Rothschilds Mutter bald in zweiter Ehe einen griechischen Maler heiraten würde? Eine internationale Schar an Schriftstellern und Lebenskünstlern würde dort zwischen Himmel und Meer Glück und Inspiration finden. Cohen buchte einen Flug nach Athen, stattete der Akropolis einen Pflichtbesuch ab und ging in Piräus aufs Schiff.

Wer Hydra vom Wasser aus erblickt, den halbrunden Schwung des Hafens, gesäumt von einer Borte aus Cafés und Läden, Menschen, Tieren, sonnenprallem Leben, dahinter in unsortierten Reihen kalkweiße Häuser, die karstigen Berge hinaufgewürfelt, der kann auch heute noch die vehementen Gefühle verstehen, die das Eiland bei jenen nährte, die damals dort gestrandet sind. Henry Miller hat einige von ihnen angelockt. 1939 hatte er Hydra schon besucht und in seinem schwelgenden Reisebericht „Der Koloss

Linke Seite oben **Ihlen und Sohn Axel, Cohen, rechts im Bild George Johnston und Charmian Clift.** *Darunter* **Marianne und Leonard mit Freunden bei einem Ausritt in die Berge Hydras**

WELL, YOU KNOW THAT I LOVE TO LIVE WITH YOU * BUT YOU MAKE ME FORGET SO VERY MUCH * I FORGET TO PRAY FOR THE ANGELS * AND THEN THE ANGELS FORGET TO PRAY FOR US

von Maroussi" die Insel einen „göttlichen Ruhepunkt" genannt, es sei ihm dort „jeder Sinn für irdische Richtung verloren gegangen". Als Marianne Ihlen, Axel Jensen und drei Jahre später auch Leonard Cohen nach einer damals noch fünfstündigen Seereise das schwankende Schiff verließen, war ein australisches Autorenpaar das Gravitationszentrum der kleinen Kreativgemeinde aus aller Welt: Charmian Clift und George Johnston.

Fremdlinge im Hafen, die hoffnungsfroh, aber orientierungslos wirkten, wurden von den Hydrioten freundlich an die Australier verwiesen, die schon länger das Leben führten, von dem die anderen gerade zu träumen begannen. Die beiden ehemaligen Journalisten waren den jungen Neuankömmlingen in vielem voraus, nicht nur Jahrzehnte an Alter. Sie hatten ein eigenes Haus auf der Insel, drei Kinder und jede Menge Zeit, in weiß getünchten, spärlich möblierten Zimmern an ihren Schreibmaschinen zu sitzen. Das romantische Bild des kreativen Ideals, untermalt von den wenigen Geräuschen, die der autofreien Insel bis heute eine weltvergessene Aura geben: das Klappern der Maultierhufe auf abgewetzten Pflastersteinen, gedämpfte Stimmen aus schattigen Innenhöfen, ab und an das Geschrei rivalisierender Katzen. Die Abende im Kerzenschein, das Wasser aus Zisternen, und der einzige Laden, der ganzjährig aufhatte, war glücklicherweise gleichzeitig eine Bar: „Katsikas", der Fluchtpunkt aller Schaffenspausen, geführt von großzügigen Griechen, die jeden anschreiben ließen, der vergeblich hoffte, dass das nächste Schiff einen Scheck mit Tantiemen bringen würde. Dort hielten die Australier Hof, versammelten Gleichgesinnte, Maler, Schriftsteller, Philosophen.

Clift und Johnston haben Marianne Ihlen und Axel Jensen bei sich aufgenommen, als diese 1957 im winterfeuchten Hydra froren, sie haben Leonard Cohen Möbel für seine erste feste Bleibe gestiftet. Und waren dem jungen Poeten in jeglicher Hinsicht ein Vorbild. „Sie waren überlebensgroße, mythische Persönlichkeiten. Sie tranken mehr als andere, sie schrieben mehr, sie litten mehr und erholten sich schneller, sie fluchten mehr und sie segneten mehr, und sie halfen sehr viel mehr. Sie waren eine Inspiration. Sie hatten Schneid. Sie waren echt, zäh und ehrlich. Sie waren der Schlag Menschen, den man immer weniger trifft." So würde sich Cohen später sehnsüchtig an das Paar erinnern.

Die Jahre, die Marianne Ihlen Leonard Cohen auf Hydra voraushatte, waren für die junge Norwegerin ein Ritt durch Himmel und Hölle gewesen. Axel Jensen hatte sie betrogen, verlassen, zurückerobert, in Athen geheiratet, auf Hydra ein Haus gekauft, auf einer Segelyacht mit ihr ein Kind gezeugt. Sie kannte seine Wutausbrüche, wenn er volltrunken war, und seine verzweifelte Reue am nächsten Tag. Der Versuch, eine sonnige Kleinfamilie im Kreis der befreundeten Freigeister zu werden, war gescheitert, bevor er richtig begonnen hatte. Als Marianne aus Oslo, wo sie ihren Sohn zur Welt gebracht hatte, auf die Insel zurückkehrte, wusste schon jeder, der im „Katsikas" saß, dass Jensen sich mit einer amerikanischen Künstlerin vergnügte.

Der dunkelhaarige Kanadier mit dem Hang zur Melancholie, der die Runde seit Kurzem erweiterte, aber hatte, als er Marianne, Axel und Kind zum ersten Mal aus der Ferne sah, einen anderen Eindruck. Sie hätten ausgesehen wie eine „wundervolle, heilige Dreifaltigkeit". Hydra hatte ihm vom ersten Moment an den Kopf verdreht, er fand alles dort schön, „jede Ecke, jede Lampe, alles, was man berührte, alles". Und Marianne war die Lichtgestalt, die Leonard Cohen zu seiner Erfüllung noch fehlte. Wie jede Liebe war die der beiden zunächst eine glückliche Fügung. Der Ort, die Zeit, das Lebensgefühl. „Jeder war damals irgendwie jung, schön und voller Talente – von einer Art Goldstaub überzogen. [...] So fühlt man sich wohl in der Jugend, doch in der prächtigen Kulisse von Hydra schienen alle Begabungen wie unter einem Vergrößerungsglas. Sie funkelten. Mir schien alles großartig. Alle unsere Fehler waren wichtige Fehler, jeder Verrat war ein großer Verrat, alles, was wir taten, war von glanzvoller Bedeutung." Er habe, wird der berühmte Leonard Cohen in einem Interview sagen, Hunderte Mal in seinem Leben vergeblich versucht, dieses Gefühl wieder aufleben zu lassen: „... glücklich zu sein, mit einer Schönheit an der Seite, die ganze Welt liegt vor dir, dein Körper ist von der Sonne gebräunt, und du besteigst gleich ein Boot."

Ihre Liebe sei gewachsen wie in einem wunderschönen, langsamen Film, wird Marianne einer norwegischen Journalistin erzählen, der sie sehr spät seltene Einblicke gab. Sie sprangen von den Steinstufen in Spilia ins gleißend blaue Meer, wanderten zu den Fischerbooten in Kamini, versteckten sich vor der Mittagshitze in Leonards Haus, das er, vom Schicksal gleich doppelt beschenkt, ein paar Monate nach seiner Ankunft dank einer kleinen Erbschaft für 1500 Dollar erworben hatte. Sie aßen, tranken, sangen mit ihren Freunden, im „Katsikas" oder in der „Douskos Taverna". Er sah ihr beim Schlafen zu, las ihr Gedichte vor, manche handelten von ihr – und von seiner Getriebenheit: „Maybe I could say goodbye / But you were perfect / You were whole / Your mouth was saying / I won't ever hurt you /... / The houses were too white / Cliffs too steep / I knew I had made a mistake / I tried to walk I ran / Everywhere I bumped my head / I was picking up prayerbooks / I kissed your sleep."

Später, als sie mit ihrem Sohn bei ihm eingezogen war, forderte das Künstlerleben seine Regelmäßigkeit. Mit einer Disziplin, die in diesem Kontext überraschen mag. Doch Leonard Cohen, der junge Dichter, arbeitete an seiner Karriere mit großem Ehrgeiz. Er stand frühmorgens auf und schrieb, das Pensum waren mindestens drei Seiten am Tag. Marianne umhegte ihn, ging ein-

Marianne Ihlen auf den Steinstufen von Spilia, ihrem und Leonard Cohens liebsten Badeplatz. Sie war 25, als sie den Kanadier kennenlernte, er nur ein paar Monate älter

YOUR LETTERS, THEY ALL SAY THAT YOU'RE BESIDE ME NOW * THEN WHY DO I FEEL ALONE? * I'M STANDING ON A LEDGE AND YOUR FINE SPIDER WEB * IS FASTENING MY ANKLE TO A STONE

kaufen, bereitete Mahlzeiten, stellte Blumen auf den Tisch. Bereicherte sein Leben und seine Kunst. Wollte zufrieden sein damit, die Frau zu sein, als die sie heute noch jeder verklärt auf der Insel beschreibt, der sie kennenlernen durfte. Eine, die einen ganzen Raum zum Strahlen bringt, wenn sie erscheint.

Wie viele schöne Tage, Nächte die Liebenden auf Hydra verbrachten, die Berichte der Chronisten dazu verschwimmen wie Konturen in flirrender Luft. Sie haben es ja selbst immer wieder anders und jeder auf seine Weise erzählt. Vielleicht lag es am Retsina und an Mariannes berühmten Fleischbällchen, die sie mit selbst angebautem Marihuana gewürzt haben soll. Leonard Cohen dagegen sagte, er habe damals eher wenig gegessen, wie das eben so wäre beim Dauerkonsum von Speed.

Das Drama jedenfalls war immer um die Ecke. Mariannes Mann Axel wollte sich beim Segeln wiederfinden und traf stattdessen die Zweitfrau in Athen, wo diese einen schweren Verkehrsunfall hatte und Axel Marianne zu Hilfe rief. Die saß dann am Krankenbett der Amerikanerin, während Leonard auf Hydra das Kleinkind hütete. Zwei Jahre später wurde Axel wegen Randale und Trunkenheit von der Insel verbannt. Leonard Cohen dagegen zog es aus freien Stücken immer wieder fort, nach Montreal, nach New York, um Geld zu verdienen für das schöpferische Inseldasein. Er hatte es als Schriftsteller versucht, Gedichtbände veröffentlicht, Preise gewonnen. Er hatte auf Hydra in einem von LSD befeuerten Furor seinen zweiten Roman, „Beautiful Losers", geschrieben, neun Monate lang, bis zu 20 Stunden am Tag, er nannte das Ergebnis „mehr einen Sonnenstich als ein Buch". Danach begann er zu fasten und zu halluzinieren, über Wochen, und natürlich war es Marianne, die ihn gesund pflegte. Das Buch verkaufte sich schlecht, und wenn man seinen späteren Erzählungen glaubt, war es tatsächlich eine wirtschaftliche Entscheidung, seine Texte in Musik zu gießen, um die Welt zu erobern.

Die Kreativzelle auf Hydra war gleichzeitig dabei, sich in alles andere als Wohlgefallen aufzulösen. George Johnston war an Tuberkulose erkrankt und schrieb um sein Leben, Charmian Clift litt klassisch darunter, mehr Haus- und Ehefrau als Schriftstellerin geworden zu sein, und kompensierte ihre Defizite mit Liebhabern. Ihre im „Katsikas" ausgetragenen Kämpfe wurden zum trunkenen Trauerspiel für alle Anwesenden. Als Johnstons Roman „My Brother Jack" zum lange erhofften Erfolg wurde, verließen sie 1964 Hydra für immer. Er flog als anerkannter Literat mit einem gesponserten Flug nach Australien, sie folgte mit den Kindern auf einem Schiff. Sie nahm sich fünf Jahre später das Leben, er erlag ein Jahr nach ihrem Tod seiner Krankheit. In später Ironie des Schicksals sind es Clifts leicht sarkastische Bücher über ihre griechischen Jahre, die man in Neuauflagen nun wieder kaufen kann.

Leonard Cohen aber hat 1967 in New York seinen ersten öffentlichen Auftritt als Sänger absolviert, sich einen Namen gemacht, mit einem Lied, das eine andere Frau besang: „Suzanne". Es folgten: Plattenvertrag, Tourneen, ein Leben als Musiker. Marianne hat immer wieder versucht, an seiner Seite zu sein, über Monate, Jahre, in Städten, die ihr keine Heimat werden konnten, auch deswegen, weil er dort mit wachsendem Erfolg ein neues Lebenselixier fand. Er hat es in Gesprächen nie verhehlt: „Ich war eine Weile besessen davon, die Gunst von Frauen zu erobern, mein Verhalten war jenseits jeglicher Vernunft." Seine Liebe zu Marianne schickte er derweil nach Hydra per Post: „What can I say? You have gone deep inside of me. I want to sing when I remember all our work of love."

Was immer der Gott der Musen sich dabei gedacht haben mag, als schließlich eine kam, die Leonard Cohen wieder eine Weile an sich fesseln konnte, hieß diese ausgerechnet: Suzanne. Böse Zungen behaupten, Suzanne Elrod habe das Z ihrem Namen erst hinzugefügt, nachdem sie Leonards Geliebte wurde, weil sie es nicht ertragen konnte, dass es ein Lied von ihm mit ihrem Namen bereits gab. Sie wurde die Mutter seiner beiden Kinder und machte Hydra um eine traurige Geschichte reicher, als sie Marianne 1972 aus Leonard Cohens Haus vertrieb.

Für 876 000 Dollar wurden Cohens Liebesbriefe an Marianne aus den 1960ern unlängst bei Christie's versteigert, einer aber erreichte sie erst im Jahr 2016. Als Marianne sterbenskrank in Oslo daniederlag und Leonard, ebenfalls vom Krebs gezeichnet, davon erfuhr, schrieb er ihr einen letzten Gruß: „Well Marianne, it's come to this time when we are really so old and our bodies are falling apart and I think I will follow you very soon. Know that I am so close behind you that if you stretch out your hand, I think you can reach mine. And you know that I've always loved you for your beauty and your wisdom, but I don't need to say anything more about that because you know about that. But now, I just want to wish you a very good journey. Goodbye old friend. Endless love, see you down the road." Zwei Tage, nachdem sie die Zeilen erhalten hatte, verstarb Marianne Ihlen, Leonard Cohen folgte ihr einige Monate später am 7. November desselben Jahrs.

Auf der Insel, die ihre Geschichte in sich trägt, macht Cohens Sohn Adam bis heute im Haus seines Vaters Ferien und erwehrt sich dessen Fans, die bisweilen versuchen, Holzsplitter aus der Eingangstür zu kratzen. An besseren Tagen sitzt er mit möglicherweise erblich belastetem melancholischem Blick in einer Bar am Hafen. Dort, wo sie immer saßen, die Menschen, mit ihren Hoffnungen und Träumen und Sehnsüchten, und auf so viel mehr warteten als auf das nächste Schiff.

mare-Redakteurin Martina Wimmer hat Leonard Cohen auf einem seiner letzten Konzerte in Berlin gesehen und war ziemlich beeindruckt davon, wie der Mann noch mit 75 die Damen betörte.

James Burke fotografierte 1960 im Auftrag des New Yorker „Life"-Magazins das Inselleben der Künstler, seine Reportage ist dort jedoch nie erschienen.

ideat.de
ZEITGEIST
DESIGN
INSPIRATION
STYLE
FASHIO
ARCHI
LIVIN
TRIPS
KUNS
ZURÜCK
AM
KIOSK
IDEAT
CONTEMPORARY LIFE
Yeah!
Style
Ellen von Unwerth: Zirkusmädchen, Laufstegstar, Top-Fotografin
Foto: Hommage an Hollywood
Design
Mailands heimliche Helden
Skulpturale Sideboards
Luxusmöbel der Fashionhäuser
Trips
Großer Insider-Guide: New York, Paris, London und Mailand
Neue Traumhotels in der Ägäis
Look at me!
ALLES ÜBER MODELS, MODE, MACHER
DAS INTERNATIONALE MAGAZIN FÜR INTERIOR DESIGN UND URBANEN LIFESTYLE
Nr. 8 - Juli/August 2022 - 7,50 €

EINE FRAU, EIN LIED UND EIN PAAR TRÄUMER

Joni Mitchell wusste nicht wirklich, was sie bei den Hippies in den Höhlen von Matala auf Kreta verloren hatte. Außer vielleicht kurzfristig ihr Herz an einen ziemlich wilden Kerl. Ihre ambivalenten Gefühle hat sie in einem Stück verewigt, das zur Hymne jenes legendären Orts wurde

VON ARN STROHMEYER

THE WIND IS IN FROM AFRICA
LAST NIGHT I COULDN'T SLEEP
OH, YOU KNOW IT SURE IS HARD TO LEAVE HERE, CAREY
BUT IT'S REALLY NOT MY HOME
MY FINGERNAILS ARE FILTHY, I GOT BEACH TAR ON MY FEET
AND I MISS MY CLEAN WHITE LINEN AND MY FANCY
FRENCH COLOGNE

OH CAREY, GET OUT YOUR CANE
AND I'LL PUT ON SOME SILVER
OH, YOU'RE A MEAN OLD DADDY
BUT I LIKE YOU FINE

COME ON DOWN TO THE MERMAID CAFÉ, AND I WILL
BUY YOU A BOTTLE OF WINE
AND WE'LL LAUGH AND TOAST TO NOTHING AND
SMASH OUR EMPTY GLASSES DOWN
LET'S HAVE A ROUND FOR THESE FREAKS AND
THESE SOLDIERS
A ROUND FOR THESE FRIENDS OF MINE
LET'S HAVE ANOTHER ROUND FOR THE BRIGHT RED DEVIL
WHO KEEPS ME IN THIS TOURIST TOWN

MAYBE I'LL GO TO AMSTERDAM
MAYBE I'LL GO TO ROME
AND RENT ME A GRAND PIANO
AND PUT SOME FLOWERS 'ROUND MY ROOM
BUT LET'S NOT TALK ABOUT FARE-THEE-WELLS NOW
THE NIGHT IS A STARRY DOME
AND THEY'RE PLAYIN' THAT SCRATCHY ROCK AND ROLL
BENEATH THE MATALA MOON

THE WIND IS IN FROM AFRICA
LAST NIGHT I COULDN'T SLEEP
OH, YOU KNOW IT SURE IS HARD TO LEAVE HERE
BUT IT'S REALLY NOT MY HOME
MAYBE IT'S BEEN TOO LONG A TIME
SINCE I WAS SCRAMBLIN' DOWN IN THE STREET
NOW THEY GOT ME USED TO THAT CLEAN WHITE LINEN
AND THAT FANCY FRENCH COLOGNE

OH CAREY, GET OUT YOUR CANE
I'LL PUT ON MY FINEST SILVER
WE'LL GO TO THE MERMAID CAFÉ
HAVE FUN TONIGHT
I SAID, OH, YOU'RE A MEAN OLD DADDY
BUT YOU'RE OUT OF SIGHT

Joni Mitchell im Jahr 1968. Die kanadische Musikerin war schon damals weit entfernt von den Aussteigern, die sie verehrten. Dieses Bild entstammt einem Foto-Shooting für die „Vogue“

„WAS FÜR EIN AUFTRITT!"

SIE SEI DIE „BEDEUTENDSTE UND WANDLUNGSfähigste Singer-Songwriterin des 20. Jahrhunderts", urteilte das Magazin „Rolling Stone" schwärmerisch über die heute 79-jährige Joni Mitchell. Die schlanke Frau mit den langen Haaren und der Gitarre, die auch Komponistin, Poetin und Malerin ist, steht als Ikone für eine ganze Generation. Ihre Musik ist von vielen Stilen beeinflusst: Pop, Rock, Klassik und Jazz, sie hat mit so gut wie allen Größen zusammengearbeitet und mehr als 20 Alben herausgebracht. Über sich selbst schrieb sie: „Ich bin eine Malerin, die Lieder schreibt. Meine Songs sind sehr visuell. Die Wörter erschaffen Szenen – in Cafés und Bars, in düsteren kleinen Zimmern, an vom Mond beschienenen Ufern, in Küchen, Krankenhäusern und Rummelplätzen."

In Cafés und Bars und an vom Mond beschienenen Ufern – vielleicht hat sie dabei an Matala gedacht. Ich bin Joni Mitchell nie persönlich begegnet, aber für uns beide wurde dieser kleine Ort an der wilden Südküste Kretas mit seinen Höhlen, in denen einst Aussteiger wohnten, zu einer einschneidenden Erfahrung. Als junger Student kam ich im April 1967 mit einem Rucksack voller Träume auf dem Rücken und getrieben von Abenteuerlust und Neugier in jenem Hippie-Mekka an und wohnte einige Wochen in den Höhlen. Danach kehrte ich brav in die Bürgerlichkeit, das heißt, zu meinem Studium zurück.

Die damals 26-jährige Joni Mitchell hat im Frühjahr 1970 zwei Monate in Matala verbracht und in einer der Höhlen auf Kreta einen ihrer schönsten Songs geschrieben, „Carey". Sie war mit ihrer Freundin Penelope nach Matala gekommen. Die beiden bezogen eine kleine Hütte in einem nahe gelegenen Mohnfeld, aber dort sollten sie nicht lange wohnen. Denn Jonis Aufenthalt nahm durch ein erschreckendes Ereignis eine unerwartete Wendung. Als sie auf dem Weg zum Strand war, ertönte direkt hinter ihr ein ohrenbetäubender Knall, und aus der offenen Tür der Taverne „Delphini" flog in hohem Bogen ein Mann. Durch seinen unvorsichtigen Umgang mit einem Feuerzeug war eine Gasflasche explodiert, dem Mann war aber außer ein paar versengten Haaren nichts passiert. Sein Name war Cary Raditz, ein Amerikaner, der in der Taverne als Koch arbeitete. Joni Mitchell würde später schwärmen: „Was für ein Auftritt! Diesen Typ musste ich kennenlernen."

Sie beschrieb ihn als „großartigen Charakter", der nicht nur „flammend rote Haare" hatte, sondern auch eine „flammend rote Persönlichkeit". Er trug immer weiße Kleidung, auf dem Kopf einen indischen Turban und stützte sich stets auf einen kretischen Hirtenstock. Cary hielt sich für einen Gourmetkoch und hatte oft Appetit auf „flammend roten Wein". Er konnte sehr herrisch und autoritär auftreten, ein Macho, wie er im Buch steht. Doch Joni Mitchell verliebte sich bis über beide Ohren in ihn.

Oben **Cary Raditz und Joni Mitchell in einem Park in Heraklion auf Kreta. Immer dabei: ihre Dulcimer, eine Art Zither, mit der sie auf Reisen neue Songs komponierte**

Seite 100 **Joni Mitchell, Sängerin, Komponistin, Malerin und wie die „Vogue", für die diese Fotos 1968 entstanden sind, erst kürzlich schrieb, mit ihrem Boho-Chic stilprägend**

„Diesen Typ musste ich kennenlernen"

Am Abend nach der Explosion ging sie mit Penelope ins „Mermaid Cafe", wo sich die Hippie-Szene von Matala traf. Cary ermunterte sie, ein paar Raki zu trinken, die ihr überhaupt nicht bekamen. Irgendwann muss ihr der Faden gerissen sein, sie verlor vollständig den Überblick. Am nächsten Morgen wachte sie in Carys Höhle auf und hatte keinerlei Ahnung, wie sie den steilen Aufstieg in die Felsgrotte geschafft hatte. Als sie in ihre Hütte zurückkam, war Penelope nicht mehr da. Die Freundin hatte sich in derselben Nacht in einen Griechen verliebt und mit ihm das Weite gesucht. Joni Mitchell zog konsequenterweise in die Höhle zu Cary, der ihr Liebhaber und Beschützer wurde.

Joni Mitchell hat den Alltag der Hippie-Enklave in Matala später als sehr einfach und prosaisch geschildert: mit Höhlennachbarn aus aller Welt in der Sonne liegen und im Meer baden, spazieren gehen, einkaufen, kochen, Wäsche waschen und abends im „Mermaid" bei Wein und Raki zusammensitzen. Doch Joni Mitchell hatte 1970 bereits drei Alben veröffentlicht und einen Grammy gewonnen, sie war nicht mehr auf der Suche nach einer erfüllenden Aufgabe und hatte wohl auch keinerlei Interesse an ausuferndem Müßiggang: In ihrem Reisegepäck befand sich eine Dulcimer (eine Gitarre empfand sie für unterwegs als zu groß und klobig). In Carys Höhle komponierte sie darauf das berühmte Lied, das nur fast seinen Namen trägt, weil sie jenem in künstlerischer Freiheit ein E hinzufügte.

„Carey" ist ein Wechselbad zwischen der romantisch verklärten Faszination, die Matala und die Verliebtheit bei ihr auslösten, und dem Abscheu vor den Unbequemlichkeiten des Höhlenlebens: die Nächte auf dem harten, nur mit Seegras bedeckten Felsboden, das vom Meerwasser verfilzte Haar, der lästige Strandteer an den Füßen und das Jucken der ewigen Flohbisse. Sie vermisste „saubere weiße Wäsche" und ihr Eau de Cologne. Joni Mitchell erzählt in ihren Liedern oft von ihrer Einsamkeit und dem Wunsch, sie durch Liebe zu überwinden. Sie hat einmal über sich selbst gesagt: „Beim Poker kann ich ruhig bleiben, aber ich bin eine Närrin, wenn es um Liebe geht." Die Liebe, von der sie singt, ist zumeist nicht von Dauer, das Ende ist absehbar. Auch in „Carey" führt sie einen Dialog mit ihrem Liebhaber und deutet schon das Ende an; sie will weg aus Matala und liebäugelt damit, nach Rom und Amsterdam zu gehen.

Das Stück erschien später auf Mitchells „Blue", einem Album, das überschwänglich als eines der besten des Folk gefeiert wurde und zu ihrem größten Erfolg wurde. Allein in den USA wurde es über zehn Millionen Mal verkauft. Mitchell und Raditz haben sich nach Mitchells Weiterreise irgendwann später in Los Angeles wiedergetroffen, aber sie hatten sich nichts mehr zu sagen.

Im Gegensatz zu Joni Mitchell habe ich Matala sehr viel wilder und berauschender in meiner – vielleicht verklärten – Erinnerung bewahrt. Meine Tage dort waren ein einziges ausgelassenes, psychedelisches Fest. Abends am großen Lagerfeuer am Strand, wenn wir Fischsuppe kochten (den Fisch hat uns Fischer Georgios zum großen Ärger seines Vaters immer geschenkt), wenn die Weinflaschen und die Haschpfeifen die Runde machten, die Gitarren und der Gesang anhoben, entstand ein Gemeinschaftsgefühl, wie ich es später nie wieder erlebt habe. Und nach der nächtlichen Runde am Feuer sprangen wir alle nackt mit dionysischen Schreien ins Meer. Das Hippie-Leben in Matala hatte ein Motto: „Life is today, tomorrow never comes!" Einer der Höhlenbewohner hatte sich einen Eimer Farbe gekauft und den Spruch in riesigen Buchstaben an die Kaimauer gemalt. Dort steht er noch heute.

Matala war Ende der 1960er ein Eldorado der Gegenkultur, ein Treffpunkt von „Freaks und Glücksrittern", so hat Joni Mitchell den Ort beschrieben. Er war von magischer Anziehungskraft für Paradiesvögel aus der ganzen Welt, was sicher mit seiner grandiosen Natur zusammenhängt. Er liegt zwischen zwei mächtigen, zum Meer hinabfallenden Felsformationen, von denen eine auf der westlichen Seite von einem Geflecht von Höhlen durchzogen ist, die Menschen der Vorzeit in das weiche Felsgestein geschlagen haben. Im Lauf der Geschichte haben die Grotten viele Funktionen erfüllt: Wohnunterkünfte, Gräber, Lepraaußenposten und Lagerstätten. Zwischen den beiden Felsnasen erstreckte sich ein herrlich unberührter Strand und davor das unendlich weite Libysche Meer, so weit, dass man meinte, Afrika in der Ferne ahnen zu können. Hier konnte man der Erde,

IRGENDWANN MUSS IHR DER FADEN GERISSEN SEIN. AM NÄCHSTEN MORGEN WACHTE SIE IN CARYS HÖHLE AUF UND HATTE KEINERLEI AHNUNG, WIE SIE DEN STEILEN AUFSTIEG IN DIE FELSGROTTE GESCHAFFT HATTE

KODAK SAFETY FILM

„SIE WAREN EIN WENIG VERRÜCKT“

dem Meer, dem Himmel, der Sonne und den Sternen ganz nah sein, den Rhythmus der Natur unmittelbar spüren. Dazu kam etwas noch ein Weiteres: Das Leben in Matala war einfach und billig, die Unterkunft in den Höhlen war mietfrei.

Es war eine turbulente, um nicht zu sagen verrückte Zeit. Die Amerikaner waren dabei, in Vietnam ein ganzes Volk in die Steinzeit zu bomben; die ersten Menschen landeten auf dem Mond; in den westlichen Gesellschaften erfreuten sich nach den Entbehrungen der Kriegs- und Nachkriegsjahre breite Schichten eines ungeahnten Wohlstands – Konsum war das neue Zauberwort. Es zählten nur Arbeit, Leistung, beruflicher Erfolg, Karriere und Besitz. In den USA formierte sich zuerst Widerstand gegen eine Gesellschaft, in der allein die Höhe der verdienten Dollar über den sozialen Status entschied.

Auflehnung kam vor allem von der Hippie-Bewegung. Die Blumenkinder, wie sie sich auch nannten (weil Blumen Symbole für Schönheit, Liebe und Frieden sind), wollten nicht aussteigen, wollten nicht ins Nirwana flüchten, sondern eine schöpferische, positive Gegenwelt innerhalb der etablierten Gesellschaft begründen. Ihr Protest richtete sich gegen die Einförmigkeit, den Konformismus und die Spießigkeit der US-Gesellschaft und ihre ausschließlich materielle Orientierung, die Geist und Seele verkümmern ließ. Sie setzten dem *American way of life* das Ideal eines Lebens entgegen, in dem Werte wie gegenseitiges Verstehen, ein Bewusstsein von der Sinnhaftigkeit der Existenz und Liebe dominieren sollten. Das Zentrum der Bewegung war San Francisco, aber Orte wie Matala waren ideal zur Verwirklichung der Hippie-Träume von einer besseren Welt.

HIER KONNTE MAN DER ERDE, DEM MEER, DEM HIMMEL, DER SONNE UND DEN STERNEN GANZ NAH SEIN. DAZU WAR DAS LEBEN IN MATALA EINFACH UND BILLIG, DIE UNTERKUNFT IN DEN HÖHLEN WAR MIETFREI

Das renommierte US-Magazin „Life“ schickte eigens einen Reporter nach Matala, der die Dropouts dort interviewen sollte. „Ich habe Amerika verlassen, um meine Werte zu suchen“, sagte einer und fügte hinzu: „In den Höhlen gibt es zum Glück kein Fernsehen. Ich leide an Amerika, es ist krank.“ Der allgemeine Tenor war: Es ist besser, aus Amerika abzuhauen und in einer Höhle zu leben, als sich dem täglichen Kampf im Hamsterrad auszusetzen. So gut wie alle sahen das Leben in den Höhlen als Reise zu sich selbst.

War Joni Mitchell eine Aussteigerin und ein Hippie-Mädchen? Ganz sicher nicht. Schon in einem Interview mit dem „Rolling Stone“ 1971 brachte sie ihr Befremden über Matala zum Ausdruck. „Alle waren ein wenig verrückt dort, wollten fast nackt herumlaufen, als lebten sie in der Steinzeit, und trugen kleine Lendenschurze.“ Ihr Biograf David Yaffe schreibt, sie habe in der Höhle „Hippie gespielt“. Das ist treffend gesagt. Denn bei aller Zerrissenheit und Verletzlichkeit, die sie besaß, war sie eine viel zu selbstbewusste Künstlerin, um sich einer Bewegung anzuschließen. Sie war zwar mit ihren Songs und Kompositionen ein Teil der Gegenkultur, wie so viele Liedermacher, Liedermacherinnen und Bands ihrer Zeit – Joan Baez, Janis Joplin, Jimi Hendrix, Bob Dylan und viele andere. Aber Joni Mitchell blieb immer ein künstlerischer Freigeist. Stilrichtungen und Weltanschauungen hat sie sich nicht untergeordnet.

In Matala hat sie Spuren hinterlassen. „Carey“ wurde zu einer Art Hymne des Orts, in dem jedes Jahr ein Musikfestival vor den Höhlen veranstaltet wird. Doch Joni Mitchell würde Matala heute nicht wiedererkennen. Nach den Hippies zogen dort die Touristen ein. Für sie wurde eine neue Infrastruktur geschaffen: Hotels, Supermärkte, Bars und Clubs. Um die Höhlen wurde ein Zaun gezogen, man kann sie nur noch gegen Eintritt besichtigen. Die Hippies aber haben Matalas Ruhm begründet, und Joni Mitchells Aufenthalt dort hat ganz wesentlich zu dessen Verklärung beigetragen. Und weil Mythen so faszinierend sind und sich so gut vermarkten lassen, hat man den Matala-Mythos gleich noch um ein paar weitere Noten erweitert: Auch Bob Dylan, Janis Joplin und Cat Stevens sollen in den Höhlen am Meer gewohnt und im „Mermaid“ ihren Raki getrunken haben. Doch dafür gibt es keinerlei Belege. Mythen sollen ja immer einen Kern Wahrheit enthalten, in diesem Fall aber hat wohl eine blühende Fantasie über den Mythos gesiegt.

Autor Arn Strohmeyer, geboren 1942 in Berlin, hat sich in seinen Büchern und Veröffentlichungen oft mit Griechenland beschäftigt, das ihm durch seine vielen Reisen dorthin zur zweiten Heimat geworden ist. Heute lebt und arbeitet er als Schriftsteller in Bremen.

David Liittschwager:
„Das geheime Leben von Oktopus, Seepferdchen und Qualle",
aus dem Enlischen von Susen Truffel-Reiff, National Geographic, München, 2022, 256 Seiten, 200 Abbildungen, 39,99 Euro

Ein Bild von einem Kraken

Keiner fotografiert die eigenwillige Schönheit von Meereswesen so konsequent ästhetisierend wie der US-Amerikaner David Liittschwager

ER HAT SO EINIGES ZU SCHLEPPEN. Wenn David Liittschwager unterwegs ist, um bleiche Mondquallen, weiße Kraken oder dornige Seepferdchen zu fotografieren, dann hat er 225 Kilogramm Gepäck dabei. Verstaut in zwölf Koffern.

Liittschwager ist freiberuflicher Fotograf und arbeitet für „National Geographic" und andere Magazine. In seinem neuen Buch zeigt er auf 189 Fotografien drei Arten von Meereswesen in atemberaubend schöner Weise. Quallen mit blaugrün leuchtender Biolumineszenz oder als ätherische Wesen, Oktopusse in akrobatisch anmutenden Verschlingungen oder stolz erhabene Seepferdchen.

In zahlreichen Tauchgängen erforscht Liittschwager die Objekte für seine Kamera, doch die Aufnahmen stammen meist aus Aquarien, die er rund um die Welt besucht. Seine Meereswesen präsentiert er mit außergewöhnlicher Porträttechnik vor weißem Hintergrund. So aufgenommen erscheinen sie in ungeahnter Schönheit und manchmal in überraschenden Situationen. Einmal drückte er exakt bei der Geburt von Seepferdchen auf den Auslöser seiner Kamera. Und bannte so auf Bilder, wie die neu geborenen Winzlinge zu Hunderten aus dem dicken Bauch des Männchens quellen.

Während die Seepferdchen manchmal etwas erstarrt erscheinen, werden Quallen bei ihm zu hauchzarten, durchscheinenden, schwebenden Wesen. Kraken muten fast wie Kunstobjekte an, die dem Betrachter direkt ins Auge schauen. Sie winden ihre Tentakel um sich, breiten sie auf riesige Größe wachsend aus und legen sie schützend um winzige Tintenfischeier, in denen das Leben der neuen Generation schon zu ahnen ist. Und manchmal wechselt das gleiche Tier die Farbe von einer zu anderen.

Chrysaora achlyos, **die Schwarze Kompassqualle**

Callistoctopus alpheus, **fotografiert in einem Aquarium in Queensland, Australien**

Liittschwagers Buch verändert die Art und Weise, wie Meerestiere oft gesehen werden. Es sind eben keine ekligen Glibberwesen, keine mit Tentakeln um sich greifende gefährliche Kraken wie der Riesenkrake, der im Film „Fluch der Karibik" den Piratenkapitän Jack Sparrow, gespielt von Johnny Depp, verschlingt.

Liittschwager erschafft so eine einzigartige und wundersame Verzauberung des Lebens im Meer. Seine Bilder sind ein gelungenes und überaus ästhetisches Zusammenspiel von Wissenschaft und Kunst, man könnte an Rachel Carson denken, der Ähnliches in ihren Meeresbüchern allein mit ihren Worten gelungen ist. Die Biologin kombinierte auf einzigartige Weise Poesie mit ihren Erkenntnissen und Beobachtungen, als sie beschrieb, wie Tausende der bleichen Mondqualle *Aurelia*

Hippocampus angustus, **das Dornige Seepferdchen, als Paar, links Männchen, rechts Weibchen**

schlängelnde Linien im Wasser erzeugen. Oder sich die Quallen namens *Cyanea* – von der Größe eines Fingerhuts bis zu der eines Regenschirms auswachsend – im Mittsommer rhythmisch pulsierend im Wasser fortbewegen.

Beide Arten finden sich auch in David Littschwagers Buch porträtiert. Auf einer Infografik ist außerdem eine regenschirmgroße Qualle dargestellt, die mit ihren Nesselfäden deutlich länger als 36 Meter werden kann. Doch sie ist längst nicht die größte. Eine andere, rund doppelt so große, schwimmt rund um Japan, mit einem Gewicht von 200 Kilogramm. Zu jeder der drei Spezies gibt es eine solche Infografik und spannend geschriebene Texte der renommierten Wissenschaftsjournalistinnen Elizabeth Kolbert und Jennifer Holland und der Biologin Olivia Judson.

Doch noch ist nicht alles Wissen erschlossen. Es gibt mehr Unbekanntes als Bekanntes über die Wesen im Meer, schreibt Liittschwager. Auch er werde manchmal überrascht und entdecke bei der Nachbearbeitung seiner Fotografien ihm Unbekanntes. Etwa dass eine sechs Millimeter kleine Ohrenqualle doch keine acht Augen hat. Als er genauer hinsah, entpuppten sich die dunklen Flecken als körpereigener Kompass, der der gehirnlosen Qualle nicht nur ansagt, wo oben und unten, sondern auch, wie spät es ist.

Ein wenig verrät Liittschwager über seine spezielle Fotografietechnik im Vorwort. Wie er diese verzaubernden Aufnahmen aber tatsächlich hinbekommt, bleibt sein Geheimnis. Das letzte Bild zeigt den Großen Blauen Kraken. Er sieht aus wie jemand, der die Arme übereinandergeschlagen und den Kopf darauf gelegt hat. Verdreht er etwa die Augen? Als wollte er sagen, habt euch nicht so, wir Meereswesen sind doch nichts Besonderes? Der Mensch aber blättert immer wieder von vorn und staunt und staunt.

Katja Maria Engel

Samuel Hamen:
„Quallen“,
Matthes & Seitz, Berlin, 2022, 143 Seiten, 20 Euro

Tentakeltheorie

Ein gelungener Versuch, die Qualle in kluge Worte zu fassen

IM SCIENCE-FICTION-FILM „SPHERE“ wird eine von Queen Latifah gespielte Wissenschaftlerin auf einem Tauchgang von einer Horde Quallen angegriffen und getötet. Wer sich die kurze Szene auf YouTube anschaut und die Kommentare liest, weiß, warum Quallen auf die meisten Menschen bis heute unheimlich wirken. Samuel Hamen ist es zu danken, dass er in seinem Band in der Reihe „Naturkunden“ mit Klischees aufräumt und den Blick auf diese im wahrsten Sinn des Worts nicht so recht greifbaren Tiere auf eine solide Faktenbasis stellt. Dabei leistet der Autor ganze Arbeit, indem er die medialen Darstellungen der Qualle in der Populärkultur zeigt und mit der Historie der wissenschaftlichen Beschäftigung kontrastiert.

Auf beide Weisen wird deutlich, wie schwer die Gattung der Medusen zu fassen ist. Quallen entziehen sich fast allen gängigen Kategorien, mit denen wir Lebewesen beschreiben, und befeuern damit die Klischees, mit denen wir sie belegen.

Das wunderbar illustrierte Buch zeigt die Vielfalt der Quallen, erklärt, warum manche leuchten und welche Arten dem Menschen mit ihren Tentakeln tatsächlich gefährlich werden können. Im Anschluss an den allgemeinen Teil werden acht Quallenarten von der Nomuraqualle bis zur Portugiesischen Galeere einzeln porträtiert. Dabei erfährt man, wie eine Quallenart zur Verleihung des Chemienobelpreises beigetragen hat und dass man in 2000 Meter Tiefe auf Arten treffen kann, deren Durchmesser 1,50 Meter beträgt und die bis zu zehn Meter lange Tentakel besitzen.

Carsten Tergast

Steinunn Sigurdardóttir:
„Nachtdämmern“,
aus dem Isländischen
von Kristof Magnusson,
Dörlemann, Zürich,
2022, 120 Seiten,
22 Euro

Trauriger Abgesang

Isländische Lyrik über den (noch) mächtigsten Gletscher des Landes

MIT GERADE 19 JAHREN TRAT STEInunn Sigurðardóttir als Lyrikerin in Erscheinung – mit ihrem 1969 erschienenen Gedichtband „Sífellur“. Als Romanautorin wurde die in Island und Frankreich lebende Autorin international bekannt – doch nun ist es wieder ein Gedichtband, mit dem sie den Vatnajökull, den mit etwa 8100 Quadratkilometern größten Gletscher Europas, den Gletscher ihrer Kindheit, poetisch zu ergründen sucht. Doch es ist ein sterbender Gletscher. Das Volumen wird immer weniger, und der Prozess schreitet von Jahr zu Jahr schneller voran.

Manche der Texte atmen den Duft des Meers, etwa „Die alten Gewässer der Stadt“, in dem es heißt: „So viele verschiedene träume passierten da am strand.“ Doch „von diesen träumen ist nichts mehr da“, genauso, wie der große Gletscher nach und nach weicht: „Der weißgoldene berg über allem / licht des landes. Er geht und schatten kommen. Er geht / von uns / von sich selbst. Man vergaß dass er aus wasser ist / dass er sich darin auflöst.“

Diese Naturlyrik hat eine Zartheit, doch immer auch Härte – und hierin liegt die Schönheit dieses schmalen Bands, der für das, was wir seit Jahren wissen, ganz eigene Worte findet. „Der Gletscher vergeht zum nichts, zu keinem, zum niemand / wird zum scheusal, kahl / ein berg bei verschiedenen bergen / kein eisberg mehr, knarrend und klar. So verreckt der weißeste körper der welt, dann übernimmt das geröll.“ Mit dem Gletscher gehen die Träume der Kindheit. Sie ziehen sich zurück. So heißt es in einem anderen Gedicht. Die Hilflosigkeit ist absolut.

Marc Peschke

A. Kendra Greene:
„Das Walmuseum, das Sie nie besuchen werden. Eine Reise nach Island“,
aus dem Englischen von
Stefanie Schäfer,
Liebeskind, München, 2022,
304 Seiten, 24 Euro

Jenseits der Öffnungszeiten

Eine Autorin reist in Island von Museum zu Museum und findet dabei Geschichten, die bestimmt in keinem Reiseführer stehen

EGAL OB RITTERRÜSTUNGEN ODER Alte Meister: Über Gegenstände und Gemälde präsentieren klassische Museen ihren Blick auf die Welt und vermitteln so am Ende ein historisches Gesellschaftsbild. Anders scheinbar in Island. Statt um Geschichte geht es dort um individuelle Geschichten. Kendra Greenes „Das Walmuseum, das Sie nie besuchen werden“ entführt uns weniger in heilige Hallen mit in Vitrinen ausgestellten Stoßzähnen oder Seeglas, sondern in eine Gedankenwelt, die ihre Überlieferung zwar zum Teil auch an Gegenständen (seltene Kiesel, gestohlene Eier) festmacht, mehr aber vom Geist der Isländer bestimmt ist – statt Aufklärung Sinn stiftet, nicht zuletzt mittels mündlicher Überlieferung.

Die meiste Zeit verbrachte die Autorin während ihrer Recherche entsprechend in Gesprächen in Cafés, wenn sie sich nicht gerade ins abgelegene Bíldudalur oder ins winzige Skógar mit 21 Einwohnern (und dem größten Museum abseits von Reykjavík) aufmachte, wo sie statt repräsentativer Gebäude oft nur eine Scheune oder einen Hof vorfand, dafür aber Menschen und ihre Erlebnisse und Erinnerungen. Manchmal, so die Autorin, kam ein „Zauberer vorbei, der mich mitnahm, um versteinerte Trolle zu besichtigen, der mich aus dem Museum hetzte, um ein abfahrendes Auto zu erwischen“. Und ihr eigentliches Abenteuer auf der Insel begann. Ganz abseits des musealen Mainstreams entstand so auch eine Reisegeschichte, versehen mit eigenen Zeichnungen.

Unterteilt ist das Buch in acht Kabinette – deren Titel bereits etwas Geheimnisvolles in sich tragen: „Das Museum für Gemurmeltes“, „Das Museum des sehr Realen“, „Das Museum der Finsternis“ oder „Das Museum der Berufung“. Tatsächlich geht es Kendra Greene um die Grenzen des Begriffs „Museum“, deshalb überhaupt sei sie nach Island gereist. Und nirgendwo sonst habe sie erlebt, dass diese Grenzen zwischen privater Sammlung und öffentlichem Museum „so durchlässig, so freizügig, so leicht zu überschreiten“ sind.

Auf Besuch bei „Sigurgeirs Vogelmuseum“ geht es deswegen nicht nur um den Horntaucher, der sein Nest aus verrotteten Sumpfpflanzen baut und an die umliegenden Pflanzen knüpft, damit es mit der Strömung auf und ab schwimmt, aber nicht weggespült wird. Es geht auch um Sigurgeirs alten blauen Mitsubishi Lancer, den dieser einst zum 17. Geburtstag bekam und damit, endlich mobil, 130 Kilometer zum Tanzen fuhr. Und deshalb ist auch Kendra Greenes Buch eines für freie Geister oder schlicht eine Liebeserklärung an die isländische Museumskultur, in der selbst Kuriositäten wie magische „Leichenhosen“ ausgestellt werden. Über deren Passform kann die Autorin „leider nichts sagen“, jedenfalls zog man sie einst an, wenn man arm war, und griff man dann in den Hodensack, fand man ein paar Münzen. Zu sehen sind die Hosen nicht etwa im Museum der Armut, so etwas gibt es selbst auf Island nicht, dafür aber eines für Zauberei und Hexerei: Es liegt in einem entlegenen Fjord und dient zugleich als Fremdenverkehrsbüro. Begrüßt wird man dort von einem Mann mit Filzhut, der eine Katze namens Hippopotamus streichelt. Aber das ist eine andere Geschichte.

Roland Brockmann

Agata Loth-Ignaciuk, Bartłomiej Ignaciuk:
„Ins ewige Eis! Nordpol und Südpol in einem Jahr“,
aus dem Polnischen von Dorothea Traupe, Gerstenberg, Hildesheim, 2022, 96 Seiten, 18 Euro

Expeditionen für Anfänger

Ein wunderschön gestaltetes Kinderbuch erzählt fachkundig und detailreich vom großen Wagnis, an beide Enden der Welt zu wandern

GLEICH ZWEIMAL IN EINEM JAHR stand Marek Kamiński wahrlich am Ende der Welt – ein Pole an den Polen. Im Mai 1995 marschierte er mit seinem Landsmann Wojciech Moskal zum Nordpol, im Dezember dann allein zum Südpol.

Wie aber könnte man man Kindern am besten von ungemütlichen Zeltübernachtungen in Arktis und Antarktis erzählen? Die Autorin Agata Loth-Ignaciuk fand eine sehr treffende Beschreibung dafür: Es sei wie Nächte in einer beleuchteten Gefriertruhe. Das von ihrem Ehemann Bartłomiej wunderschön illustrierte Kinderbuch „Ins ewige Eis!“ handelt von den beiden Abenteuerexpeditionen und den Vorbereitungen dazu. Die Männer rannten zum Training mit Reifen durch die Wälder, mit schweren Lkw-Reifen, wohlgemerkt, die sie wie einen Schlitten hinter sich herzogen. Nur ohne Schnee und ohne Kufen. Alles, um dann fast 1000 Kilometer weit bei bis zu minus 50 Grad Celsius mit einem 120 Kilogramm schweren Schlitten durch Eiswüsten zu laufen. Die man sich nicht als einen zugefrorenen See, sondern als ein gigantisches Schollengebirge vorstellen muss. Bildlich dargestellt erinnert es freundlicherweise an aufgetürmte und dann eingefrorene Schlagsahne.

Wenig romantisch: Zelten auf dem Weg zum Pol

Das Buch ist dreifarbig; außer der schwarzen Schrift findet sich Dunkelblau, viel strahlendes Hellblau und als Kontrast ein kräftiges Orange. So schön das Buch anzusehen ist, die Sprache ist recht anspruchsvoll. Da ist von Investoren für die Expeditionen die Rede, von Meridianen und der Eisdrift – Wörter, die auch nicht alle Erwachsenen kennen dürften. Es richtet sich also an etwas ältere Kinder. Es muss einiges erklärt werden, aber das schadet ja der Lektüre nicht. Man lernt vieles über Arktis und Antarktis. Es geht um die Polarküche für Abenteurer, von Pemmikan bis Schokolade und um Kleidung, von Sturmmasken bis Fellkragen. Eine Doppelseite listet die Ausrüstung auf, da geht es von vielen Schichten an Handschuhen und Socken und Stiefeln hin zu mehreren Schlafsäcken und natürlich den Ski, mit Fellen bezogen. Und zu abgesägten Zahnbürsten – des Gewichts wegen. Ganzseitige Illustrationen zeigen die Entdecker fast verloren in der endlosen Landschaft des Eises. Nicht ganz so einsam geht es am Südpol zu – unweit des magischen Punkts liegt die US-amerikanische Amundsen-Scott-Forschungsstation. ∞

Barbara Schaefer

Axel Hacke:
„Ein Haus für viele Sommer“,
Kunstmann, München, 2022, 256 Seiten, 24 Euro

Familienurlaub

Kolumnist Axel Hacke ist Stammgast auf einer italienischen Insel

AXEL HACKE FÄHRT MIT SEINER FAMILIE seit Jahrzehnten in dasselbe kleine Dorf auf einer italienischen Insel. Nun hat er darüber ein Buch geschrieben. Es ist im typischen Stil des „SZ Magazin“-Kolumnisten warmherzig, kenntnisreich und mit Selbstironie gewürzt. Die Welt stünde ihm offen, schreibt er. „Aber ich wollte in einem Dorf vor einer Cantina sitzen und die Zeit verstreichen lassen.“ Manches liest sich wundersam, und man muss nicht annehmen, dass sich alles genau so zugetragen hat. Was Hacke im Nachwort bestätigt. Doch fast jede Episode ist zugleich ein anrührendes Porträt eines der Nachbarn im Dorf. Da ist Mauro, der die Boje für das Boot vermietet; Riccardo, der Archäologieprofessor aus Neapel; Kellner Mimmo in der „ganz bestimmten Bar“; Lorenzo, der Schreiber, der vom Bett aus ein Wildschwein erschossen hat; und Ennio, ein Automechaniker, denn natürlich geht es auch um einen Fiat Cinquecento. Welches sentimentale Italienbuch kommt schon ohne dieses ikonografische Auto aus?

Bis der Rezensentin auffiel, was für eine eigenartige Insel das sein muss: Sie ist ausschließlich von Männern bewohnt. Zumindest schreibt Hacke nur über Männer, abgesehen von seiner eigenen Frau, die auf den Reisen dabei ist. Einmal taucht eine Namenlose auf, sie wird als „Ennios Frau“ vorgestellt. Mit Sicherheit leben auf der Insel, es ist Elba, auch Frauen. Die scheinen Hacke aber nicht zu interessieren. Hat er nie mit ihnen geredet, nie mit ihnen zu tun gehabt, sich nie für ihre Sichtweise des Lebens auf Elba interessiert? Das ist schade. ∞

Barbara Schaefer

Florian Weber:
„Die wundersame Ästhetik der Schonhaltung beim Ertrinken“,
Heyne, München, 2022,
320 Seiten, 22 Euro

Letzte Rettung ist die Getränkebox

Ein Roman über einen Schiffbrüchigen changiert als mitreißend erzählte Tour de Force gekonnt zwischen Komik und Drama

WER AUCH NACH 320 SEITEN DIESES Buch nicht aus der Hand legen kann und zurückblättert, entdeckt bei genauem Betrachten der Landkarte auf der Innenseite des Buchdeckels ein hingekritzeltes Kreuzchen am unteren Bildrand. An dieser Stelle endet Heinrich Pohls mit schwarzem Stift markierte Reiseroute von Utah nach Florida, auf „27.847 156 Grad Breite und −79.610 289 Grad Länge, was bedeutet: kein Land in Sicht“.

Wo die Amerikareise endet, beginnt der Roman. Heinrich Pohl treibt auf einer „mit Styropor ausstaffierten Hartplastikbox. Seine Beine baumeln im Wasser, als würde er locker und leicht … vorm Timmendorfer Strand paddeln“. Um ihn herum die Weite des Ozeans, im Wasser treibende Kokosnüsse, ein strampelndes Lama und einige Büchsen Bier, die den Schiffbrüchigen vor dem Verdursten retten könnten. Um seine Hüfte ist ein Seil geschwungen, an dessen anderem Ende ein Clown in einer Schwimmweste treibt, das Gesicht friedlich dem Himmel zugewandt. Leider bewusstlos. Irgendwann schaukelt ein Klavier auf diese seltsame Gesellschaft zu. Ein Schlauchboot, vom Gewicht des Tasteninstruments unter Wasser gedrückt, zieht die Aufmerksamkeit Pohls auf sich. Als er erkennt, dass die Luft aus seinem vermeintlichen Rettungsboot bereits entweicht, ist „die Havarie um eine Tragik reicher. So greift der Mensch zu Altbewährtem – zur Getränkebox, die sich beleidigt einige Meter entfernt hat“. Immer wieder überrascht Autor Florian Weber den Leser in berührenden Szenen mit den komischen Gedankengängen seines Protagonisten und ermöglicht mitten im Drama ein befreiendes Auflachen.

Während Pohl nun Bier trinkt, ums Überleben und um seine Identität kämpft – denn er hat zu allem Unglück der Havarie auch noch sein Gedächtnis verloren –, tauchen allmählich Bilder der Vergangenheit auf: Szenen aus der Jugend, Erinnerungen an die erste gescheiterte Liebe, den Vater, der ihn verachtet, die lästigen Brüder und seinen Onkel, den verschrobenen Antiquitätenhändler Wendelin, der vielleicht nicht zufällig an den Antiquar aus der „Unendlichen Geschichte“ von Michael Ende erinnert, sondern eine Verbeugung des Autors vor dem Kollegen andeutet. Onkel Wendelin begleitet Heinrich Pohl durch den zweiten Teil des Buchs, der einsetzt, als der Schiffbrüchige am Himmel ein Flugzeug sieht. Eine Erinnerung an einen Flug nach New York und eine Tour mit einem Pick-up quer durch Amerika, während der Onkel Wendelin dem Neffen aus seinem Leben erzählt. So wird die Fahrt zu einer Reise in die ferne Vergangenheit des Onkels, ebenso aber auch in die nahe Vergangenheit Heinrichs, denn sie endet bei dem kleinen Kreuzchen in der Gegenwart. Erst am Ende wird klar, was wirklich geschah.

Herrscht am turbulenten Anfang des Buchs noch Unklarheit darüber, wohin diese literarische Reise führen soll, so wird im zweiten Teil deutlich, dass nichts in dieser Erzählung zufällig ist, dass alles miteinander verknüpft und auch der wundersame Titel auf dem Buchdeckel kein bloßes Spiel mit Worten ist, sondern der Schlüssel zum Verständnis eines dramatischen, komischen, nachdenklichen und immer wieder überraschenden Romans.

Hans W. Korfmann

Heinz Strunk:
„Ein Sommer in Niendorf“,
Rowohlt, Hamburg, 2022,
240 Seiten, 22 Euro

Noch ein Cola-Rum

Eine Ostsee-Novelle vom Meister des Absurden Heinz Strunk

MATHIAS HALFPAPE, DER IRGENDwann begann, Heinz Strunk zu sein, ist ein Mann, der viele Talente in sich vereinigt. Die Literatur ist nur ein Parkett, auf dem er mal stolpert, mal tanzt. Mit seinem neuen Werk hat er nun die Ostsee als Sujet entdeckt.

Das Ostseeheilbad Niendorf ist ein beschaulicher Ort. Genau das Richtige für Roth, der hier eine Abrechnung über seine Familie schreiben will und in den „Ostsee-Apartments“ unterkommt. Doch die Arbeit wird ihm nicht leicht gemacht: durch die penetrante Präsenz des Strandkorbverleihers, Schnapshändlers und Apartmentverwalters Breda. Das „Strunk-Prinzip“ ist auch hier, wie so oft, der Spagat aus Trash und Kunst: Es wird irre viel gesoffen, Cola-Rum oder Bier-Aquavit-Kombi. Nebenbei schreibt Roth die Geschichte seiner verhassten Familie. So geht das die ganze Zeit, schreiben, saufen und über Sex und die Sinnlosigkeit der eigenen Existenz sinnieren, wie das mittelalte Männer in Strunk-Romanen tun. Später tritt aber eine Frau in Roths Niendorfer Leben. Simone, eine Freundin Bredas, mit der alles ganz anders ist. Strunk hat Michel Houellebecq, Botho Strauß, alte Landser-Hefte und Trash-TV als Einflüsse auf seine Literatur genannt, und so ist es immer noch: Nach dem letzten Cola-Rum am Strand, „extra stronge Mische“, auf der Ostsee kräuseln sich die Wellen, erkennt Roth, dass er den schwer erkrankten Breda und Simone nicht allein und die Ostsee nicht mehr verlassen kann. Dann folgt ein maritimes Happy End, so grotesk, wie es nur ein Heinz Strunk erfinden kann.

Marc Peschke

An dieser Stelle berichtet mare regelmäßig über neue Bücher aus seinem aktuellen Verlagsprogramm

„In Wahrheit war nichts falsch mit mir"

Mit viel Witz und dichterischer Freiheit verarbeitet die Irin Louise Nealon in ihrem Debüt ihre Selbstfindung zwischen Farm und Uni

mare: *Ihre Protagonistin Debbie wächst auf einer Farm auf, beginnt dann aber ein Literaturstudium in Dublin. Sie selbst sind auf einem Bauernhof groß geworden und haben dann Literatur studiert. Wie viel Autobiografie steckt in „Snowflake"?*

Louise Nealon: Debbie war zunächst eine fiktive Version meines 18-jährigen Ichs. Aber sie ist ein Einzelkind, ihre Mutter emotional sehr instabil, und sie weiß nicht, wer ihr Vater ist. Das sind Dinge, mit denen ich keine Erfahrung habe. Das Seltsame und Wunderbare am Schreiben ist, dass die Figuren anfangen, Dinge zu tun, die ich nicht tun würde. Oder sich weigern, Dinge zu tun.

Debbie taucht als typisches Landei am College auf. Wie war das bei Ihnen?

Am ersten Tag trägt Debbie ihre beste Jeans und ein Hemd ihres Onkels. Ich trug einen Trainingsanzug unseres Curling-Teams, einfach, weil der bequem war. Der Arts Block am Trinity ist aber ein ziemlich angesagter Ort. Debbies Freundin Xanthe steht für die, die ich damals immer beneidet habe, weil sie sich durch ihre Kleidung ausdrücken konnten.

Welche Rolle spielt das Meer? Debbie schreckt ja schon die „bloße Vorstellung von Sand zwischen den Zehen" ab.

Maeve, Debbies Mutter, ist besessen vom Meer. Sie sammelt Muscheln, glaubt, dass sie in der Lage ist, die Träume anderer Menschen zu träumen, und dass sie ihre Fähigkeit an ihre Tochter weitergegeben hat. Sie erklärt ihr, dass „das Meer der Ort ist, an dem das Wasser träumt".

Auch Debbies psychische Probleme haben einen autobiografischen Kern. Sie gehen sehr offen mit dem Thema um. Warum?

Ich war ein einsamer Teenager und hatte immer das Gefühl, dass mit mir etwas nicht stimmt. In Wahrheit war nichts falsch mit mir. Psychische Erkrankungen sind mit Scham behaftet, verletzliche Menschen fühlen sich deswegen noch mehr allein. Ein Teil von mir dachte, dass die Ängste und Depressionen verschwinden würden, wenn ich meinen Traum, Schriftstellerin zu werden, verwirklichen würde. Das ist aber nicht der Fall.

Wie erleben Sie das beim Schreiben?

Meine Figuren können Dinge sagen, die ich selbst nie zugeben würde. Die Angst, sich zu schämen, fällt weg, weil ich nicht über mich selbst schreibe, sondern über Charaktere meiner Fantasie.

Debbies Mutter ist Alkoholikerin, ihr Onkel Billy nimmt sie mit in den Pub. Ist dieser Hang zum Trinken noch immer typisch für das irische Landleben?

Irlands Alkoholproblem ist nicht auf das Land beschränkt. Es ist eine kulturelle Pandemie, die Generationen zurückreicht.

*Louise Nealon: **„Snowflake"**, aus dem Englischen von Anna-Nina Kroll, 352 Seiten, 24 Euro*

Fast jede Figur im Buch hat ein problematisches Verhältnis zum Alkohol. In Irland sind Pubs wichtiger als Geschäfte, dort ist der *craic* zu Hause: die Lebenskraft der irischen Kultur – eine Art wilde, glückselige Energie, die in sozialen Situationen entsteht und untrennbar mit Alkohol verbunden ist.

Für Debbie und ihre Freundin ist Sex ein wichtiges Thema. Sie beschreiben Debbies erste Intimrasur mit dem robusten Charme eines Landmädchens. Andererseits scheinen die Mädchen bei dem Thema überfordert und alleingelassen.

Debbie hat Angst, Sex zu haben. Xanthe ekelt sich vor ihrem eigenen Körper. Die einzige Figur mit einer sexpositiven Einstellung ist Maeve, was Debbie sehr peinlich ist. Debbie ist 18, genauso alt wie Maeve, als sie mit ihr schwanger wurde. Sie befürchtet, wie ihre Mutter die Kontrolle über ihr Leben zu verlieren.

Das alles lässt eine eher tragische Geschichte vermuten. Tatsächlich versprüht das Buch viel Witz. Ist das die andere Seite von Debbie beziehungsweise Louise?

Etwa zu der Zeit, als bei mir Depressionen und Angstzustände diagnostiziert wurden, begann ich auch, einen Sinn für Humor zu entwickeln. Ich war ein ziemlich ernsthaftes Kind, erst als Erwachsene habe ich verstanden, wie wichtig es ist, über das Leben zu lachen.

Onkel Billy sagt im Buch, Geschichten würden niemandem gehören, man könne sie also stets anders erzählen. Wie sollten die Leser mit „Snowflake" umgehen?

Auf welche Weise auch immer: Lesen Sie es draußen im Gras, benutzen Sie es als Blumenpresse, kritzeln Sie in die Ränder oder bewahren Sie es ungelesen in Ihrem farblich abgestimmten Bücherregal auf. Aber danke, dass Sie es in Ihrem Leben haben.

Das Gespräch führte Roland Brockmann.

J. M. G. Le Clézio:
„Bretonisches Lied“,
aus dem Französischen
von Uli Wittmann,
Kiepenheuer & Witsch, Köln,
2022, 192 Seiten, 22 Euro

Gestade der Vergangenheit

Der französische Literaturnobelpreisträger J. M. G. Le Clézio reist zurück in die Sommerferien seiner Kindheit im Süden der Bretagne

BEI JEDEM NEUEN BUCH VON JEAN-Marie Gustave Le Clézio fragt man sich, zu welchem Abenteuer und in welchen Teil der Welt der sprachgewaltige Autor diesmal einlädt. In seinem neuesten Werk ist es die Bretagne – aber nicht, wie so häufig, in Romanform, sondern in kurzen, berichtartigen Episoden, in denen der Literaturnobelpreisträger von 2008 noch autobiografischer als sonst Erinnerungen an seine Kindheitsreisen in den Nordwesten Frankreichs schildert.

Le Clézio wurde 1940 in Nizza geboren und verbrachte zwischen 1948 und 1954 die Sommerurlaube mit seinen Eltern in der Südbretagne rund um Sainte-Marine, von wo ein Teil seiner Vorfahren stammt. In „Bretonisches Lied“ beschreibt er in lose aneinandergereihten Ausschnitten Dinge und Erlebnisse, die ihm aus dieser Zeit im Gedächtnis geblieben sind, und erkundet ganz nebenbei die bretonische Seele: Er erzählt von stolzen, ewig gestrigen und von Armutsangst getriebenen Bretonen, von Fischern, Milchbäuerinnen und Dudelsackspielern oder von traditionellen Festen, lauen Sommernächten und der fiebrigen Atmosphäre bei der Getreideernte. Hinzu kommen elementare persönliche Momente, etwa seine ersten, unbedarften Begegnungen mit Mädchen, wie er sich bei Ebbe mit einem Tintenfisch anfreundete oder die Entdeckung seiner Liebe zur bretonischen Sprache, deren Gebrauch in Kirche und Schule untersagt war, ihn aber allein deshalb faszinierte, weil sie für jede Nuance des wechselhaften bretonischen Wetters einen Ausdruck hat.

Die erhellendste Erkenntnis in Le Clézios Anekdoten – vielleicht auch für eigene Erinnerungen des Lesers – ist die Bedeutsamkeit von Allerweltsorten und -dingen, wie Gemischtwarenläden, Anlegestellen für Fähren oder gar Brunnen, aus denen damals noch das Wasser geschöpft werden musste. Mit Weitsicht und Lebenserfahrung, aber niemals wehmütig oder nostalgisch-verklärend zeigt er, wie diese Orte seine Perspektiven oder Verhaltensweisen im späteren Leben geprägt haben, was zum Beispiel darin resultiert, dass er bis heute penibel darauf achtet, Wasserhähne immer richtig zuzudrehen. Hin und wieder vergleicht er seine Eindrücke dazu mit solchen aus späteren Reisen in die Bretagne; er bemerkt Gebliebenes, Verändertes und Verschwundenes, einen Mischzustand gewillkürter Zeitlosigkeit und „provinzialer Moderne“, und registriert vor allem, wie sich Gefühle, Geschehnisse und Dimensionen über die Jahre und Jahrzehnte relativieren können. Getragen wird all dies von einem vibrierend-schwülen Timbre in der Sprache, welches wundervoll ins Deutsche übertragen wurde und eine durchgehende Melodie erzeugt, egal, ob Le Clézio gerade bretonische Bräuche, das türkisfarbene Meer vor den Glénaninseln oder dicke Weizencrêpes beschreibt.

Auch die zweite Erzählung im Buch behandelt eine Kindheitsgeschichte, in der Le Clézio seine Erinnerungen an den Zweiten Weltkrieg in Südfrankreich ordnet und versucht, dessen Wirkungen zu erfassen. Beide Texte zeugen nicht nur vom Bedürfnis, das Heranwachsen zu verstehen, sondern auch von einer tiefen Demut gegenüber dem eigenen Lebenslauf.

Stephan Sura

Joseph Conrad:
„Lord Jim“,
aus dem Englischen
von Michael Walter,
Hanser, München, 2022,
640 Seiten, 36 Euro

Mensch im Strudel

Joseph Conrads Klassiker über die Untiefen des Daseins

DIE GESCHICHTE DES TÜCHTIGEN Schiffsausrüsters Jim, der in den Häfen Ostindiens bekannt und beliebt ist und später auf einer Insel von den Malaien als „Lord Jim“ verehrt wird, gehört zu den Klassikern der maritimen Literatur, wird heute aber kaum noch gelesen. Doch es lohnt, sich wieder in Conrads Roman zu vertiefen, der nun in einer Neuübersetzung erschienen ist. Vor allem, weil Conrad in seinem neben „Herz der Finsternis“ bekanntesten Buch zeitunabhängige Themen behandelt: Schuld und Sühne, die Frage nach der Rolle, die man im Leben spielt, das Thema der Selbstbehauptung. Im Leben als Offizier auf der „Patna“ hat Jim versagt, es liegt ein Schatten über seiner Vergangenheit. „Lord Jim“, geliebt von Thomas Mann, erschienen 1900, im gleichen Jahr wie Freuds „Traumdeutung“, ist ein Werk über den Menschen im Strudel des Daseins. Kompromisslos modern ist dieses zweifach verfilmte Buch: in seinem Einfluss auf die Literatur des 20. Jahrhunderts, in seinem Zweifel an Idealbild und der Moral, im Verzicht auf eine Wertung. Im Zweifel auch am skrupellosen Kolonialismus, an der Figur des weißen, schwermütigen, ruhelosen Lords, der kein glückliches Leben mehr führen kann.

Opulent ist der über 100 Seiten umfassende Anhang des Buchs: Neben einem profunden Nachwort des Literaturwissenschaftlers Daniel Göske findet sich eine editorische Notiz, die das Ziel der neuen Übersetzung erklärt, nämlich Conrads so ureigenen, stark mündlichen Erzählstil, jene „Verbindung von Lakonie und Pathos“, stärker als bisher zu betonen.

Marc Peschke

André Wiersig:
„Helgoland. Kann man da hinschwimmen?“,
Eriks Buchregal, Kellinghusen, 2022, 160 Seiten, 19,90 Euro

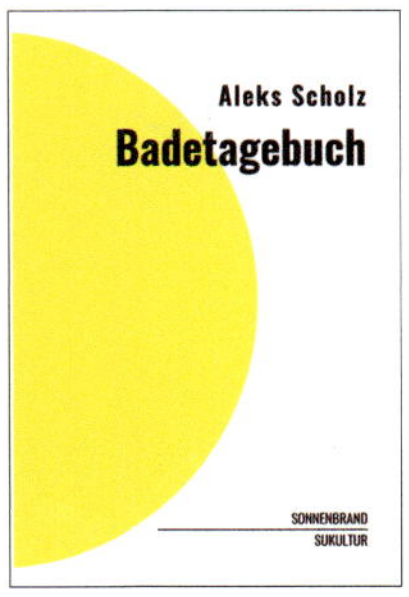

Aleks Scholz:
„Badetagebuch“,
Sukultur, Berlin, 2022, 128 Seiten, 22 Euro

Zwei Schwimmer, eine Erkenntnis

André Wiersig liebt die Langstrecke, Aleks Scholz geht jeden Tag Baden im Meer. Beide haben Bücher über ihre Passion geschrieben

WARUM ER AUF DEN EVEREST STEIGE, das wurde George Mallory vor beinahe 100 Jahren gefragt. „Because it is there“, war seine legendäre Antwort. Weil er da ist. Das mag der Motivation entsprechen, die André Wiersig und Aleks Scholz immer wieder ins Meer steigen ließ. Weil es da ist. Von dieser gemeinsamen Klammer abgesehen stellen beide sehr verschiedene Titel übers Baden und Schwimmen in der See vor. Und sehr schöne.

André Wiersig ist Seemann geworden über die Jahre, entwickelte Verständnis für die Strömungen der Tide und lernte, Windsee und Dünung einzuschätzen. Windgeschwindigkeit benennt er in der seemännischen Bezeichnung Knoten statt Stundenkilometern. Aber ein Boot benutzen? Als Kind ging es mit der Familie auf dem Butterdampfer nach Helgoland, Wiersig wurde seekrank. Boote und Schiffe, ihre Sirenen riefen ihn nicht, stattdessen mag er selbst eintauchen. „Ich mag es spüren“, berichtet der Meeresschwimmer.

Mit elf war er im Schwimmverein, später schuftete er als Triathlet über die Olympia- und Ironman-Distanz. Er wurde ein guter, aber kein Topschwimmer. „Mit Olympiasieger Florian Wellbrock, der auch 10 000 Meter Open Water schwimmt, könnte ich nicht einmal eine Minute mithalten“, erläutert er am Telefon. Er schwimmt über deren Ziele hinaus. Die Kilometer, die die Olympioniken im Training pflügen? Kinderkram. Wenigstens gegenüber seinen Distanzen: 14 Kilometer durch die Straße von Gibraltar, der Ärmelkanal 34, von der Hawaii-Insel Moloka'i zur nächsten, O'ahu, 44 Kilometer.

Er ist der 16. mit allen „Ocean Seven“, sieben solcher Ultralangstrecken im Meer. Stets bekleidet mit Bademütze und Badehose, die Kälte macht ihm wenig. Mit Helgoland hatte er eine Rechnung offen, es liegt als Schwimmziel vor der Haustür, davon handelt die Dokumentation. Spoiler: Er schafft's, spannend ist das dennoch.

Demgegenüber gibt es im „Badetagebuch“ keinerlei Rekord, kein Ziel, kaum Entwicklung. Aleks Scholz plagt sich nicht mit Chloraugen, mit Querschwimmern, mit Kampfkraulern, die einem in der Bahn Kopfnüsse verteilen. Bei ihm geht es immerfort ins Meer und gegen die Brandung. Um, sorry, grundlos zu schwimmen. Wasserbewältigung ohne Pflicht.

Ein Literat geht baden, das könnte nach Lustschwimmen ausschauen. Aber von Schiffsunglücken abgesehen handelt es sich beim Schwimmen um Bedürfnis und nicht um Bedarf. Laut Ommo Gruppe, Jahrzehnte Herausgeber der „Sportwissenschaft“, sind sportliche Situationen eine Möglichkeit, sich die freiwillige Selbsterschwernis des Lebens zuzumuten. Beide, Wiersig und Scholz, treiben also auf ihre Art Wassersport. Ob nun extrem weites Meerschwimmen oder tägliches Meerbaden bei jeder Temperatur.

Und noch mehr: Aleks Scholz entwickelt sogar eine Abneigung gegen das Baden im Sommer, zu lau. Die Winterplanscherei erst fordert seine Gedanken ausreichend. Gerade diese geistige Anstrengung verbindet die beiden Sportler. Beide erzählen vom Verstand, der sie gegen Qual und Kälte wappnet. Wolfgang Güllich, Extremkletterer, verdeutlichte das Phänomen einmal sehr plastisch: „Das Gehirn ist der wichtigste Muskel.“

Nils Theurer

Im Netz

www.marum.de

Kennen Sie unsere Rubrik „Das blaue Telefon“? Seit mare No. 5 unterstützen uns die Mitarbeiter*innen von MARUM bei der Beantwortung Ihrer Leserfragen. MARUM – das ist das Forschungszentrum für marine Umweltwissenschaften der Universität Bremen. Hier wird eng zusammen mit dem Alfred-Wegener-Institut, mit dem Max-Planck-Institut und dem Leibniz-Zentrum für Marine Tropenforschung – alle in Bremen – geforscht sowie mit dem Senckenberg am Meer aus Wilhelmshaven und weiteren Instituten. Besser als dort könnten Ihre und unsere Anliegen nicht aufgehoben sein.

Wiebke Böse

Im Deckchair

Ein persönlicher Tipp von Jan Keith, mare-Redakteur für Wirtschaft und Wissenschaft

Rod Stewart:
***„I am Sailing“**, auf: „Atlantic Crossing“, Warner, 1975, CD*

Ich mochte Rod Stewart noch nie. Seine rauchige Schmachtstimme, seine Zottelfrisur – beides ging mir gehörig auf die Nerven. Ich löschte ihn daher aus meinem Gehirn. Doch jetzt ist er auf einmal wieder da. Neulich stand mein achtjähriger Sohn nämlich mit seinem Knabenchor auf der Bühne und sang: „I am sailing. I am sailing. Home again. 'Cross the sea.“ Zu Hause hörte ich mir den Song noch mal an, „Sailing“ von Rod Stewart, von 1975. Und auf einmal sah ich alles vor mir: das Schiff, das langsam ablegt; die winkenden Seeleute auf der Reling; die mächtigen Segel, die sich beim Gitarrensolo aufspannen. Ich war ganz durcheinander. War es wirklich dieser alte Kitschsong, der mich so bewegte? Oder doch eher die Tatsache, dass mein Sohn dieses Lied voller Hingabe sang? Egal. Vielleicht ist die Zeit einfach reif, um sich mit Rod Stewart zu versöhnen.

Jahresabo

Das Jahresabo kostet im Jahr 60 € und ist nach einem Jahr jederzeit kündbar. Sie dürfen sich aus allen bereits erschienenen Heften 3 gratis aussuchen, die Ihnen gleich zugeschickt werden. Die Übersicht finden Sie auf Seite 122/123. Den Bildband und/oder den Kalender können Sie einfach zum Sonderpreis mitabonnieren.

Der **mare**-Kalender

Die ganze vielfältige Schönheit des Meeres – in 12 magischen Bildern gebannt. Format: 82 mal 58 Zentimeter. Im Abonnement zahlen Sie für den Kalender nur 40 € statt 49 €. Alle Monatsmotive finden Sie online unter www.mare.de/mare-shop/kalender

Geschenkabo

Das Geschenkabo kostet 60 € im Jahr. Mit der in diesem Heft beiliegenden Geschenkabo-Karte können Sie mare-Hefte und den Bildband und/oder Kalender auch praktisch verschenken. Ein Dankeschön in Form eines mare-Handtuchs wählen Sie auch gleich auf der Karte.

Der **mare**-Bildband „Neapel"

von Giovanni Cocco. Mit einem Text von Zora del Buono. Format: 30 mal 26 Zentimeter, 132 Seiten. Im Abonnement zahlen Sie für den Bildband nur 49 € statt 58 €. Erscheint im Oktober 2023

Der Wunder-Schwamm

Ein Schwamm, der Krebs heilen kann: 1969 wurde das weltweit erste Medikament aus dem Meer zugelassen. Seitdem hat es Millionen Leukämiekranken das Leben gerettet

Von Maria Rossbauer

Es war der Herbst des Jahres 1945, als Werner Bergmann im türkisen Wasser von Elliott Key stand und etwas entdeckte, was später Millionen Menschen das Leben retten sollte. Elliott Key gehört zu den Florida Keys. Das Wasser vor der sandigen Küste ist flach, und Bergmann fand darin Schwämme, kleine unscheinbare Meereslebewesen, schwarzgrüne Knubbel im Sand.

Wie bedeutend sein Fund war, wusste Bergmann in diesem Moment noch nicht. Er war damals 41 Jahre alt, ein Chemiker aus Bielefeld mit US-Staatsbürgerschaft. Später sollte er Yale-Professor werden, aber noch stand er im Wasser in Florida.

Bergmann sammelte die Schwämme ein, nahm sie mit in das nahe Meereslabor der University of Miami, mit der er oft zusammenarbeitete. Dort steckte er sie einige Stunden später in eine Mischung aus Formaldehyd und Meerwasser, eine typische Lösung, wenn man Meerestiere konservieren will. Später trocknete er sie in einem Vakuumofen.

Einen Namen hatte das seltsame Getier zu der Zeit noch nicht; erst als 1948 Schwämme derselben Art bei den Bimini-Inseln der Bahamas gefunden wurden, bekamen sie einen: *Cryptotethya crypta*, heute *Tectitethya crypta* genannt. Es dauerte noch einmal eine Weile, bis die getrockneten Schwämme zur Yale University nach New Haven, Connecticut, geschickt wurden, wo Bergmann eine Probe in ein Lösungsmittel steckte und dieses wunderschöne Etwas sah – winzige Kristalle.

Er testete sie im Labor und entdeckte dabei Stoffe, die keiner je zuvor gesehen hatte. Einer davon war eine Verbindung aus der Base Thymin und dem Zucker Pentose. Thymin kennt man als einen der Bausteine, aus denen sich unsere DNA zusammensetzt. Dort eingebunden, heißt er dann Thymidin. So schlug Bergmann 1951 im „Journal of Organic Chemistry" vor, den Stoff Spongothymidin zu nennen – das Thymidin der Schwämme.

Nun muss man wissen: Was Schwämme produzieren, ist für die Wissenschaft immer aufregend. Sie können vor Fressfeinden weder davonlaufen noch sich verstecken, trotzdem überleben sie seit mehr als 500 Millionen Jahren auf dieser Erde. Dass das klappt, hat mit vielen chemischen Abwehrstoffen zu tun, die sie produzieren. Sie dienen dazu, sich Angreifern zur Wehr zu setzen, und diese Angreifer sind häufig dieselben, die auch Menschen triezen. Schwämme bilden Stoffe, die Bakterien töten, die Viren am Wachsen hindern und sie nicht in ihre Zellen eintreten lassen. Was Schwämme herstellen, kann also oft auch uns Menschen helfen.

Das muss auch Bergmann damals geahnt haben. Er galt als Experte für wirbellose Meerestiere und beriet als solcher das Bingham Oceanographic Laboratory in Yale. Was also könnte Spongothymidin bringen? Um das herauszufinden, schickte er Proben davon an mehrere Kollegen, darunter der Krebsforscher Seymour Cohen an der University of Pennsylvania. Der brachte den Stoff mit *Escherichia coli* zusammen und stellte fest: Mit Spongothymidin hören die Bakterien auf, sich zu vermehren. Cohen vermutete daher, dass der ungewöhnliche Stoff vielleicht auch Tumorzellen am Wachsen hindern könnte.

2020 erkrankten weltweit 250 000 Menschen an AML

Dass hier ein neues Mittel gegen Krebs vorliegen könnte, klang für die Forschung reizvoll. Doch den potenziellen Wirkstoff direkt aus Schwämmen zu gewinnen ist fast unmöglich. Die Tiere stellen selbst nur kleine Mengen davon her, und Schwämme in den benötigten Mengen zu züchten ist schlicht noch nicht gelungen. So versuchten Wissenschaftler Verbindungen ähnlich denen des Spongothymidins im Labor herzustellen.

Es dauerte bis 1959, dass dies drei Berkeley-Forschern gelang. 1965 zeigten Versuche, dass der Stoff – inzwischen auch Cytarabin genannt – tatsächlich an Krebs erkrankte Mäuse heilen kann. Wiederum einige Jahre später gelang ebendas in ersten Studien bei Menschen, die an der Akuten Myeloischen Leukämie (AML) erkrankt waren, einer besonders dämonischen Form des Krebses, bei der sich die wuchernden Zellen vom Knochenmark ausgehend über das Blut im ganzen Körper ausbreiten.

Bis in die 1960er-Jahre gab es keine effektiven Medikamente gegen diese Krankheit. Durchschnittlich lebten Menschen nach einer Behandlung mit den damaligen Mitteln noch 40 Tage.

Im Jahr 1969 dann – 24 Jahre nach Bergmanns Entdeckung – wurde der US-Pharmafirma Upjohn ein Patent erteilt, und zwar für eine Methode zur „Unterstützung der Rückbildung der akuten Leukämie mit 1-β-D-Arabinofuranosylcytosin" – eine synonyme Bezeichnung für Cytarabin. Im selben Jahr gab auch die US-Behörde für Lebens- und Arzneimittel ihre Zulassung für das Medikament, dem weltweit ersten aus dem Meer.

Von nun an rettete Cytarabin Menschenleben. Das gelang dank der schon von Bergmann benannten Ähnlichkeit der Verbindung mit Bausteinen der menschlichen DNA. Genau damit versuchen Mediziner die Krebszellen auszutricksen: Cytarabin wird wie ein trojanisches Pferd in die Krebszelle geschleust und dort in die DNA eingebaut. Mit diesem falschen Molekül in sich schafft es die Zelle nun nicht mehr, sich zu teilen. Die Vermehrung wird gestoppt, idealerweise sterben die Krebszellen dann ab. Um die 80 Prozent der AML-Erkrankten eines bestimmten Typs können heute mit Cytarabin, in Kombination mit einem Antibiotikum, geheilt werden.

Oben links **Chemo-Medikament Cytarabin.**
Oben rechts **Schwamm** *Tectitethya crypta.*
Mitte rechts **Cytarabin-Molekül.**
Unten **Satellitenaufnahme der Florida Keys, wo der Schwamm beheimatet ist**

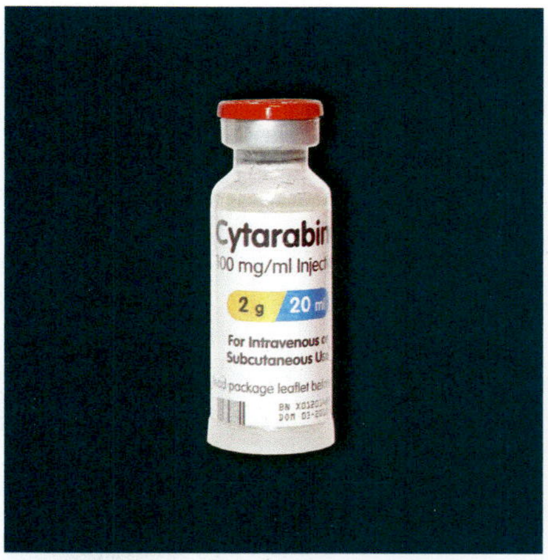

Der Stoff ähnelt einem Baustein, aus dem sich unsere DNA zusammensetzt. Er hindert die Krebszellen daran, sich zu teilen

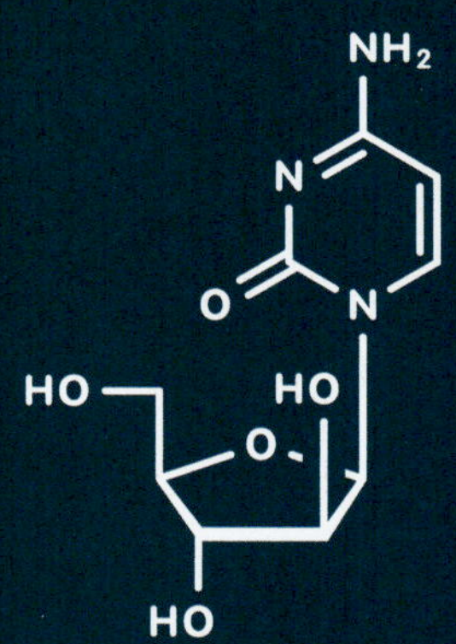

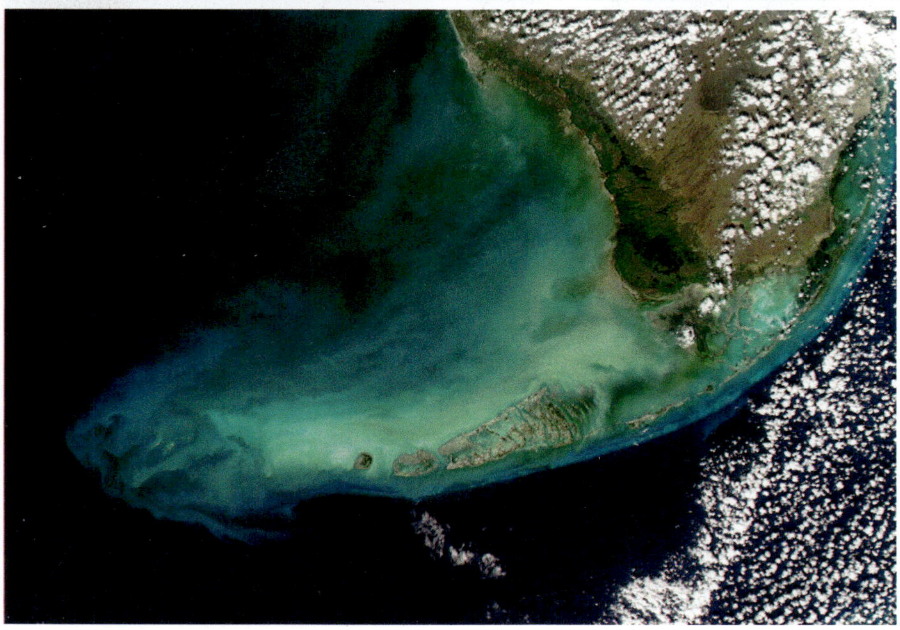

Doch die Behandlung ist eine Tortur. Cytarabin ist Teil einer Chemotherapie und hat auch Auswirkungen auf das gesunde Knochenmark. Die Nebenwirkungen sind immens. Eine Alternative aber gibt es bislang nicht. Cytarabin ist so wichtig geworden, dass es seit über 40 Jahren auf der Liste der unentbehrlichen Arzneimittel der Weltgesundheitsorganisation steht.

Upjohn verdiente mit dem Medikament viel Geld, auch wenn es zu jeder Zeit günstig war – im Jahr 1971 listet Upjohn den Preis für 100 Milligramm des weißen Pulvers mit 4,40 Dollar. Auch heute bekommt man eine 4000-Milliliter-Infusionslösung für weniger als 160 Euro.

Cytarabin, für das das Patent 1986 ablief, ist einfach herzustellen und wird in großen Mengen produziert. Die Nachfrage ist groß. Allein in Deutschland bekommen jedes Jahr 3000 Menschen die Diagnose AML neu gestellt, weltweit erkrankten 2020 über 250 000 Menschen.

Bergmanns Fund aber führte noch zu mehr: Sein Spongothymidin wurde zum Vorbild für viele weitere Mittel, die auf dieselbe Weise wirken. Solche Nukleosid-Analoga gibt es inzwischen gegen Herpes, Windpocken, Gürtelrose und vieles mehr.

Doch die Ära des ersten Meeresmedikaments neigt sich langsam dem Ende. In der Krebsbehandlung setzt man künftig auf Mittel, die genau das Erbgut der Krebszelle in genau diesem Patienten angreifen. Der neue Weg heißt Personalisierte Medizin. Schon in einigen Jahren könnte Cytarabin also ersetzt werden.

Werner Bergmann hat das alles nicht mehr erlebt. Er starb 1959 an einem Herzinfarkt, noch bevor der erste Mensch dank seiner Entdeckung geheilt wurde.

Maria Rossbauer, Jahrgang 1981, Autorin in Hamburg, taucht gern in ihrer Freizeit. Aber etwas pharmazeutisch Brauchbares ist ihr noch nie untergekommen.

Die Volks-Fähre

Von Schafhirten zu Aktionären: 1967 gründeten 5000 Einwohner auf Kreta eine eigene Fährreederei – und machten ihren Bischof zum Chef. Eine Erfolgsgeschichte, die bis heute anhält

Von Hans W. Korfmann

Es sind die 1960er-Jahre. In Griechenland ist der Aufschwung nach dem Krieg deutlich spürbar. Erstmals trägt die Industrie mehr zum Bruttosozialprodukt bei als die Agrarwirtschaft, an Land werden Häuser und Straßen gebaut, auf See spricht man von den „goldenen Jahren“. Berühmte Reeder wie Aristoteles Onassis oder Stavros Niarchos häufen sagenhafte Vermögen an. 1965 besitzt Griechenland nach Großbritannien die zweitgrößte Handelsflotte der Welt.

Auch in Deutschland geht es bergauf, der Mittelstand geht auf Reisen, im Hafen von Piräus warten Touristen auf Fähren, um unter blauem Himmel die Inselwelt zu erkunden. Am 7. Dezember 1966 aber ist dieser Himmel verfinstert. Windstärke neun ist gemeldet, als die „Heraklion“, eines von 15 Fähr- und Kreuzfahrtschiffen der Reederei Typaldos, den kretischen Hafen von Chania in Richtung Athen verlässt. Das Schiff pflügt mit 14 Knoten durch die Dunkelheit, als nach Mitternacht das Unglück geschieht: Ein ungesicherter Lkw stößt ein Loch in den Bug. Wasser dringt ein, das Schiff bekommt Schlagseite und kentert. 241 Reisende verlieren ihr Leben, nur 47 werden gerettet. Noch in der Nacht versammeln sich Angehörige im Hafen von Piräus. Als die Sonne aufgeht und aus den Gerüchten Gewissheit wird, ist das Klagegeschrei laut. Auch Bischof Irineos aus Kreta hört es. „Immer wieder riefen sie: ‚Wir müssen etwas tun, sonst werden wir noch alle ertrinken!‘“

Der Untergang der „Heraklion“ ist nicht der einzige griechische Schiffsuntergang. Wenige Jahre zuvor sind die „Lakonia“ und die „Yarmouth Castle“ gesunken. Dabei sterben insgesamt über 200 Menschen. Das Volk macht profitgierige Reeder für die Katastrophen verantwortlich, die Zeitschrift „Evdomada“ schreibt von „schwimmenden Särgen“.

Die empörten Kreter gehen auf die Straße. In der Nacht des 8. Dezember ist dieser Protest so lärmend, dass Kostas Archontakis, ein leitender Angestellter der griechischen ATE-Bank, sich schlaflos im Bett wälzt. Mitten in der Nacht steht er auf und bringt seine Gedanken auf fünf Kalenderblättern zu Papier. Die Kalenderblätter sind der erste Entwurf für eine Reederei auf der Basis von Volksaktien.

Schiffe, so Archontakis’ Kerngedanke, seien nur sicher, wenn sie auch denen gehören, die auf ihnen reisen. Deshalb sollten nur aus Kreta stammende Kleinaktionäre Anteile erwerben können und eine Genossenschaft zur Bildung einer eigenen Reederei gründen. In seinem Studienkollegen Jannis Tzamarioudakis, Vor-

Linke Seite **Die „Kydon", die erste Fähre der neuen ANEK Lines, im Hafen von Souda, Kreta, 1970. Zwei Jahre und 116 Millionen Drachmen hatte die Reederei in den Umbau des alten Öltankers investiert**

Oben **Als die „Kydon" am 10. September 1970 in Dienst gestellt wurde, feierten Zehntausende Kreter ein Fest. Die neue Reederei gehörte ausschließlich einheimischen Kleinaktionären**

sitzender eines Verbands von Finanzwissenschaftlern aus Chania, findet Archontakis einen Verbündeten.

Schnell arbeiten die beiden das Konzept aus. Am 21. Dezember treffen Vertreter aus Politik, Kirche und Wirtschaft sowie interessierte Bürger im Rathaus von Chania zusammen. „Jeder, der daran interessiert ist, ein Schiff zu kaufen und eine neue Schiffsgesellschaft zu gründen, ist willkommen", heißt es in einem Aufruf. Das Interesse ist gewaltig, 500 Menschen drängen in den Saal. Auf den Bildern, die am nächsten Tag in den Zeitungen zu sehen sind, steht jedoch kein Krawattenträger im Zentrum, sondern ein Mann im Ordensgewand: Irineos Galanakis, Bischof von Kastelli [Kissamos, *die Red.*] und Selino.

Archontakis und Tzamarioudakis haben die künftige Galionsfigur ihrer Reederei, die ANEK Lines, ins Boot geholt, weil sie ahnen, dass sie ohne Gottes Segen auf einer Insel, auf der die gläubigen Christen so stark sind wie die gläubigen Kommunisten, nichts erreichen würden.

Irineos, 55 Jahre alt, ist damals schon eine Legende. 1943 hatte ein Nazi-Kommandeur den jungen Priester wegen einer angeblich hetzerischen Predigt zum Tod verurteilt. Irineos erhob – zum Trotz – keinen Einspruch und wurde erst im letzten Moment gerettet. Geboren wurde Irineos 1911 als Kind eines Hirten. Wie viele andere auch sympathisierte er mit den Partisanen, wilden Gesellen in Stiefeln und zerfransten Stirntüchern. Es gibt Fotos, die den bärtigen Priester im Kreis der Rebellen zeigen, ein griechischer Che Guevara. Anfang der 1950er-Jahre besuchte er die Universitäten von Paris, Frankfurt und Heidelberg, 1957 weihte man ihn zum Bischof von Kastelli und Selino.

Noch am Abend jenes 21. Dezember wird beschlossen, ein Komitee aus Finanzexperten und Politikern zur Gründung einer Aktiengesellschaft zu bilden. Als man bald darauf Bischof Irineos zum Vorsitzenden der Gesellschaft wählt, gibt es, wie sich einer der Pionieraktionäre erinnert, „Einigkeit in Sekundenschnelle. Keine einzige Gegenstimme!" Die etablierten griechischen Reeder spotten, man könne mit Popen und Bauern nicht in See stechen. Doch die Neuaktionäre wähnen ihr Geld beim Bischof in guten Händen. „Das war", sagt der Geistliche später, „einer der schönsten Momente meines Lebens." Und fügt hinzu: „Mein Kapital war immer das Vertrauen der Menschen."

Das Mindeststartkapital wird mit 50 Millionen Drachmen beziffert. Also zieht der Bischof übers Land, spricht in Kaffeehäusern, stellt sich auf Dorfplätze, lässt aus Flugzeugen Flugblätter abwerfen. Darauf steht: „Kreter, wacht auf! Wenn nicht jetzt, wann dann? Kauft eine Aktie zur Gründung einer kretischen Schiffsgesellschaft!“ Die Kampagne wirkt. Bauern verkaufen Fässer mit Öl, Hirten ihre Schafe, Frauen setzen sich hinter ihre Webstühle – für eine Aktie einer Gesellschaft, die noch kein Schiff und keinen Kapitän besitzt und noch nie auf See war. Und die 1000 Drachmen kostet.

So kommen innerhalb von drei Monaten 89 Millionen Drachmen zusammen, ohne Internet, 50 Jahre vor Crowdfunding. Am 31. März 1967 sind aus 5000 Bauern und Hirten Aktionäre geworden. Am 10. April 1967 – vier Monate nach Untergang der „Heraklion“ und elf Tage vor dem Putsch der Militärjunta – wird ANEK Lines offiziell ins Handelsregister eingetragen. „Es war wie ein Kreuzzug“, sagt der Bischof, „die Bewegung wuchs und wuchs, jeder wollte eine Aktie haben.“ Und als am 9. September 1970 die „Kydon“ in Chania anlegt, stehen 10 000 am Hafen und tanzen.

Das Schiff, das die Gesellschaft erworben hat, ist ein 15 Jahre alter finnischer Öltanker namens „Wirakel“. Zwei Jahre und 116 Millionen Drachmen investiert die Reederei in den Umbau und macht es zu einem der modernsten Schiffe der Ägäis. Die „Fähre des Bischofs“ ist die erste mit eigenem Restaurant und kostenlosen Schlafkojen für Passagiere der dritten Klasse. Dort sitzen auf bequemen Polstern Bauern mit Kaninchenkäfigen und Frauen mit Ölkanistern für die Verwandtschaft in Athen. Täglich pendelt die „Kydon“ zwischen Piräus und Chania. Und jedes Mal, wenn auf dem Rückweg die Weißen Berge auftauchen, ertönt aus den Lautsprechern der Sirtaki von Mikis Theodorakis.

Die „Kydon“ ist nun die größte Fähre des Mittelmeers. Und sie ist erst der Anfang. 1973 stechen die „Rethymnon“ und die „Candia“ in See, wenige Jahre alte Fähren, die mit 21 Knoten die schnellsten in der Ägäis sind. 1978 geht die „Kriti“ auf Reisen mit Platz für 1800 Passagiere und 200 Stellplätzen im Cardeck, dann die „Aptera“ mit ihren spektakulären Rolltreppen. 1998 leistet sich die Gesellschaft schließlich ein nagelneues Schiff: die „Sophocles Venizelos“, wiederum das modernste und schnellste Schiff im griechischen Mittelmeerraum.

Der kretische Bischof Irineos reiste durchs Land, um für die Aktie der neuen Schiffsgesellschaft zu werben

Der Bischof aber ist nicht mehr an Bord. Die Junta setzt ihn unter Druck. „Die haben mich abends angerufen und gedroht: ‚Wir erschießen dich, wenn du nicht aufhörst.‘“ 1971 bringt die Kirche ihn in

„Die haben mich abends angerufen und gedroht“

Sicherheit und ernennt ihn zum Metropoliten von Deutschland. Zehn Jahre bleibt Irineos im Bonner Exil, besucht griechische Gastarbeiter in den Fabriken, hält Gottesdienste ab und sendet im Radio heimwehvolle Grüße nach Kreta.

Auch die Heimat vergisst ihn nicht. Als die Diktatur niedergeschlagen ist und sein ehemaliger Amtssitz frei wird, fordern die Kreter ihren Bischof zurück. Doch die Ökumene besetzt das Amt mit einem anderen. Es kommt zu Protesten. Als der Exilant für einige Tage auf die Insel kommt, stehen die Menschen plötzlich vor seiner Tür. „Mit Gewehren. Sie haben mich gezwungen. Ich wollte das nicht.“ Sie bringen ihn nach Kastelli, umstellen den Bischofssitz. Es sind Tausende, die sich einfinden. Schließlich fügt die Kirche sich dem Druck des Volks und gibt Irineos sein Bischofsamt zurück.

Irineos, inzwischen Präsident der ANEK Lines auf Lebenszeit, fehlt auf keiner Sitzung mehr. Die Gesellschaft hat weitere Schiffe gekauft, bietet Fahrten nach Italien und Kreuzfahrten an. 1992 sticht ihr Flaggschiff, die „El. Venizelos“, in See. Sechs Jahre später wird die kretische Volksaktie erstmals an der Athener Börse notiert. Die Besitzer der Wertpapiere sind fortan nicht mehr 5000 Bauern aus Kreta, sondern Aktionäre aus aller Welt. Unter ihnen noch immer die Kinder jener Männer, die einst schweren Herzens ein Schaf schlachteten, um ein Stück Papier in der Hand zu halten, das sie nicht einmal lesen konnten.

Die ANEK Lines gehört heute zu den drei größten Fährgesellschaften des Landes und besitzt neun Schiffe. Der Traum von der sicheren Fährverbindung zwischen Kreta und Athen scheint Wirklichkeit geworden zu sein. So gewann die ANEK Lines 2006 den ADAC-Fährentest für ausgezeichnete Sicherheitsstandards. Auch wenn inzwischen die einflussreiche kretische Reederfamilie Vardinogiannis bei ANEK Lines eingestiegen ist, besteht die Mehrheit der Aktionäre noch immer aus Kleinaktionären.

Irineos selbst verbrachte die letzten Jahre in seinem alten Bischofssitz in Kastelli. Er goss die Blumen und das Gemüse, Gäste empfing er immer seltener. Doch zu Ostern drängten noch immer Menschenmassen in die Kirche, um ihn zu sehen. Er starb am 30. April 2013 im Alter von 102 Jahren. Als man ihn in seinem Garten zu Grabe trug, standen die Kreter auf den Kirchenmauern und nahmen sich auf die Schultern, um einen letzten Blick auf ihren Helden zu werfen. Und begannen spontan zu applaudieren.

Hans W. Korfmann, Jahrgang 1956, freier Autor, lebte früher auf Kreta und in Athen. Heute ist er Herausgeber der „Kreuzberger Chronik“ in Berlin.

mareRadio

Jeden ersten Sonntag im Monat auf Bremen Zwei

GLANZ UND GLORIA

Sonntag, 7. August, 12.05 Uhr, Bremen Zwei

mareRadio bietet glänzende Aussichten: Wie verrichten Putzerfische ihre Arbeit? Und was lässt Schwämme nicht nur im Mittelmeer, sondern auch in arktischen Tiefen wachsen? Ordentlich Gloria gibt es mit Blick auf die kaiserlichen Seebäder auch.

SCHATTEN

Sonntag, 4. September, 12.05 Uhr, Bremen Zwei

Im Schwarm verstecken sich kleine Fische im Schatten ihrer Artgenossen, der Schatten großer Räuber hingegen bedeutet Gefahr und dient als Warnung. mareRadio erzählt, wie Räuber und Beute den Schatten zu nutzen wissen. Außerdem geht es um die Kulturgeschichte des Sonnenschirms und die Schattenseite vermeintlich nachhaltiger Meeresschutzprojekte.

OST UND WEST

Sonntag, 2. Oktober, 12.05 Uhr, Bremen Zwei

Kurz vor dem Tag der deutschen Einheit erzählt mare Radio, wie das Meer Ost und West verbunden hat – als Fluchtroute, Sehnsuchtsort und gemeinsam genutzter Wirtschaftsraum. Im legendären „Gastmahl des Meeres" erfahren wir mehr über die (kulinarische) Beziehung der Ostdeutschen zur See. Und wir fragen nach, warum ausgerechnet die DDR einst zur Weltspitze im Motorbootsport gehörte.

Termine

Liebe Leserinnen,
liebe Leser,

zum Redaktionsschluss dieser Ausgabe waren alle aufgeführten Veranstaltungen als von Coronaregeln weitgehend uneingeschränkt angekündigt. Dennoch bitten wir Sie, sich auf den Websites der Veranstalter rechtzeitig über eventuelle Änderungen zu informieren. *Die Red.*

BREMEN

Klimaneuland

Akteurinnen und Akteure der Klimaforschung und -kommunikation im Porträt. Woher kommt das Wissen über unser Klima? Wer sind die Köpfe, die sich mit dem Thema beschäftigen und gemeinsam nach Wegen suchen, eine nachhaltige Zukunft zu gestalten? 8.7–15.10., Eröffnung 7.7., 17 Uhr, Haus der Wissenschaft. www.hausderwissenschaft.de

BREMERHAVEN

Maritime Tage

Windjammer und Motorschiffe bieten einen spektakulären Anblick. Dabei sind unter anderem die „Alexander von Humboldt II", das Schulschiff „Deutschland" und das Feuerschiff „Elbe 1", dazu Börteboote, Seenotrettungskreuzer und Dampfeisbrecher. Dazu ein buntes Rahmenprogramm mit kulinarischen Leckereien. 17.–21.8., Neuer Hafen. Vollständiges Programm: www.bremerhaven.de

Deutscher Schifffahrtstag

Maritimes Wochenende mit Schiffs- und Bootsparade auf der Weser, Open Ships, Ausstellungen und Fachveranstaltungen. 29.9.–2.10.; Programm und Locations: www.deutscher-schifffahrtstag.de

Wir freuen uns über Ihre Veranstaltungshinweise:
mare-Termine
Wiebke Böse
Sandthorquaihof, Pickhuben 2
20457 Hamburg
Fax: 040/369 859 99
E-Mail: termine@mare.de
Redaktionsschluss der nächsten Ausgabe: 12. September

DORNUM

Kunsttage

Zwölf bildende Künstler zeigen Werke aus Malerei, Fotografie, Plastik und Objektkunst im barocken Ambiente. 30.7.–20.8., 11–18 Uhr, Wasserschloss Dornum. www.dornum.de

HAMBURG

Umschlagplatz der Träume

Das Axensprung Theater gastiert im Altonaer Museum mit dem Hamburger Hafenstück von Erik Schäffler über 150 Jahre Hamburger Hafengeschichte. 24.8.–7.9., Altonaer Museum. Alle Termine: www.shmh.de/axensprung-theater

Herbert List: Das magische Auge

Herbert List (1903–1975) ist einer der wegweisenden Fotografen des 20. Jahrhunderts. Die Ausstellung ist die erste internationale Gesamtschau des gebürtigen Hamburgers seit mehr als 20 Jahren im Rahmen der 8. Triennale der Photographie Hamburg. Bis 11.9., täglich 11–19, Do bis 21 Uhr, Bucerius Kunstforum. www.buceriuskunstforum.de

LODDIN

Loddiner Hafenfest

Maritimes Sommervergnügen für die ganze Familie mit Spiel, Spaß und Musik mit Tanz bis spät in die Nacht. 6.8., Festplatz am Hafen. www.usedom.de

MAGDEBURG

MeerErleben

Interaktive Schau rund um Ozeanforschung. Ein Aquarium mit Tauchrobotern zum Selbststeuern, VR-Brillen zum Tauchen in unerreichbare Tiefen und ein Unterwasserkino mit atemberaubenden Aufnahmen warten auf Besucher. Bis 31.10., Di–So 9–18 Uhr, Jahrtausendturm im Elbauenpark. www.elbauenpark.de

PREROW

Folk Tage

Die Folk Tage laden zum Hören, Mitsingen und Tanzen ein.

Mit viel Witz, Spielfreude und zauberhaften Klängen werden die Lieder aus fernen Ländern und längst vergangenen Tagen auch in Prerow weitergetragen. 18.–20.8., Do ab 14 Uhr, Fr, Sa 19.30 und 21.30 Uhr, Freilichtbühne. www.ostseebad-prerow.de

ROSTOCK
Hansesail
Das größte jährlich stattfindende Traditionsseglertreffen der Welt wird nachhaltiger und digitaler – ein modernes Spektakel, dass die maritimen Traditionen feiert. Die Sail wird in der gesamten Stadt – vom Zentrum bis nach Warnemünde – mit vielen Veranstaltungen, Konzerten, Programmen für Kinder und Erwachsene gefeiert. Über 100 Schiffe haben ihre Teilnahme angekündigt. 11.–14.8., Programm und Locations: www.hansesail.com

WILHELMSHAVEN
Sailing Cup
Älteste Traditionsseglerregatta an der Nordsee. Dazu gibt es Live-Musik, Kajenmarkt, Hafenrundfahrten und ein Kinderprogramm. Highlight ist der Einlauf der Segler durch die Kaiser-Wilhelm-Brücke am Samstagnachmittag. 30.9.–3.10., Hafen. www.wilhelmshaven-sailing-cup.de

WITTDÜN/AMRUM
Hafenfest
Maritimes Sommerfest, unter anderem mit Open Ship des Seenotrettungskreuzers „Ernst Meier-Hedde", dazu Speisen und Getränke und Live-Musik. 13.8., 17 Uhr, Zum Tonnenhafen. www.amrum.de

ZINNOWITZ
Seebrückenfest
Inzwischen schon Tradition: das Seebrückenfest. Die Vineta-Seebrücke wurde 1993 erbaut, sie lädt zu einem Spaziergang über dem Meer ein. Die Gäste erwarten tolle Musik und ein buntes Unterhaltungsprogramm. 16.–18.9., 11–22 Uhr, Seebrücke. www.zinnowitz.de

ALKERSUM/FÖHR
Günter Zachariasen. Unendlich jetzt

Woher kommt das Licht? Durchdringt es dichten Nebel? Welche Distanzen hat es zurückgelegt, ehe es das Auge erreicht? Günter Zachariasen, 1937 auf Sylt geboren und seit Jahrzehnten in Nordfriesland lebend, löst sich vom Gegenständlichen. Er fühlt sich tief mit dem Land verbunden, ohne dass die Landschaft selbst zum Motiv seiner Gemälde wird. Seine oft monumentalen Werke (oben: „o.T.", 2019) sind malerische Abstraktionen und die Resultate der Erforschung des inneren Ichs, meditativ wirkende Farbräume, in denen Licht eine zentrale Rolle spielt und die zugleich Weite, Offenheit und Entgrenzung widerspiegeln. Ihr Kolorit ist sanft gestimmt und wird von fein nuancierten Übergängen getragen, als seien Partien in der Lage, Licht nicht nur zu sammeln, sondern auch auszusenden. Sehr sehenswert!
Bis 15. Januar 2023, Dienstag bis Sonntag 10 bis 17 Uhr, Museum Kunst der Westküste. www.mkdw.de

mareTV

Jeden ersten und dritten Donnerstag im Monat im NDR Fernsehen

BÜSUM UND DIE MELDORFER BUCHT
4. August, 20.15 Uhr, NDR Fernsehen

VANCOUVER ISLAND
EINE INSEL, GANZ KANADA
18. August, 20.15 Uhr, NDR Fernsehen
Nichts als Weite, Wildnis, Wasser: Vancouver Island. Für Zivilisationsmüde ist die größte nordamerikanische Pazifikinsel die Erfüllung aller Träume. Und auch weniger zivilisationsmüde Menschen kommen hier auf ihre Kosten, denn Victoria, die größte Stadt, ist dank ihrer viktorianischen Architektur eine der charmantesten Meeresmetropolen Kanadas. mareTV porträtiert Insulaner, für die das Leben nicht nur romantisch, sondern alltägliches Abenteuer ist.

ALDERNEY, SARK UND HERM
1. September, 20.15 Uhr, NDR Fernsehen

DIE KÜSTE DER HOLSTEINISCHEN SCHWEIZ
15. September, 20.15 Uhr, NDR Fernsehen

Alfred-Wegener-Institut für Polar- und Meeresforschung, Bremerhaven

Karte des gesamten Meeresbodens

Ein internationales Team von Wissenschaftlern arbeitet derzeit an einer Karte des Meeresbodens, wie es sie bisher noch nie gegeben hat. Bis zum Jahr 2030 soll sie fertiggestellt sein und den gesamten Meeresboden unseres Planeten mit einer bislang unerreichten Detailtreue darstellen. Nun hat das von der Nippon Foundation finanzierte Großprojekt GEBCO Seabed 2030 einen Meilenstein erreicht: Unter der Leitung des Alfred-Wegener-Instituts für Polar- und Meeresforschung (AWI) in Bremerhaven veröffentlichten die Forscher die bislang detaillierteste Karte des Meeresbodens um die Antarktis. Die Karte hat eine Auflösung von 500 mal 500 Metern und reicht vom Südpol bis zur Spitze Südamerikas sowie bis kurz vor Tasmanien. „Dank der Karte können wir jetzt besser abschätzen, wie sich die Meeresströmungen um die Antarktis verhalten oder mit dem Klimawandel verändern", sagt Boris Dorschel-Herr vom AWI, der die Kartierungsarbeit um die Antarktis leitet. „Warme Meeresströmungen können das Abschmelzen der antarktischen Festlandgletscher beschleunigen, was zum Ansteigen des Meeresspiegels führt. Die Karte hilft uns, die Vorgänge besser zu verstehen." Erstellt wurde die Karte auf Grundlage von Tiefenmessungen, die in den vergangenen Jahrzehnten bei Tausenden Schiffsexpeditionen gemacht worden sind.

Königlich Niederländisches Institut für Meeresforschung, NIOZ, Texel

Muschelbänke aus dem 3-D-Drucker

Im Wattenmeer bieten Muschelbänke vielen anderen Tieren wie etwa Krebsen oder Schnecken einen Lebensraum. Neue Muschelbänke können sich aber nur bilden, wenn die frei schwimmenden Muschellarven irgendwo Halt finden, um sich niederzulassen. Im Wattenmeer fehlt es an solchen festen Strukturen wie zum Beispiel Felsen. Wissenschaftler des Königlich Niederländischen Instituts für Meeresforschung wollen jetzt künstlich neue Muschelbänke im Wattenmeer ansiedeln. Dazu drucken sie mit 3-D-Druckern Strukturen, auf denen sich die Larven festsetzen können. Derzeit wird im Labor getestet, welche Materialien auf die Larven anziehend wirken und welche Strukturen das Wachstum der Muschelbank fördern. Im nächsten Schritt wollen die Forscher untersuchen, ob sich mit diesen 3-D-Formen auch großflächig Muschelbänke etablieren lassen. Getestet wird ebenso, ob man mit ihnen zerstörte Muschelbänke rekultivieren kann. Auch Muschelzüchter sollen von den Projektergebnissen profitieren. Diese werden in etwa vier Jahren vorliegen.

Smithsonian Environmental Research Center, Edgewater, USA

Warmes Wasser macht Fische hungrig

Schreitet die Erwärmung der Ozeane im Zug des Klimawandels weiter voran, werden Raubfische hungriger. Das ist das Ergebnis einer Studie des US-amerikanischen Smithsonian Environmental Research Center. Wie die Forscher um Meeresbiologin Gail Ashton im Fachmagazin „Science" schreiben, beschleunigt sich mit höheren Temperaturen der Stoffwechsel und Energieumsatz der Fische, weshalb sie mehr Nahrung benötigen. Für seine Studie hatte das Team Fische an 36 Punkten zwischen Alaska und Feuerland miteinander verglichen. Es zeigte sich, dass eine Wassertemperatur von 20 Grad Celsius ein Schwellenwert ist, ab dem der Appetit der Fische deutlich zunimmt. Das Problem: Die größere Fresslust kann ganze Ökosysteme verändern. So weideten die hungrigen Fische beispielsweise Tunikaten, röhrenförmige, auf dem Untergrund festsitzende Wasserfiltrierer, verstärkt ab. An ihrer Stelle machten sich dann winzige Moostierchen breit. Die Forscher befürchten, dass mit dem Klimawandel mehr und mehr Küstengewässer die Schwelle von 20 Grad überschreiten. Damit würden sich die Meereslebensräume fundamental verändern. Die Folgen seien im Detail noch nicht absehbar.

Zentrum für Marine Umweltwissenschaften, MARUM, Bremen

Kaltwasserkorallen reagieren anders auf Klimawandel

Die Kaltwasserkoralle *Lophelia* wächst nicht im sonnendurchfluteten Wasser, sondern in der dunklen Tiefe bei Temperaturen bis vier Grad Celsius. Ihr Kalkskelett gibt vielen Organismen wie etwa Seeanemonen Halt. Daher sind *Lophelia*-Riffe besonders artenreich. Ein Team um den Meeresbiologen Rodrigo da Costa Portilho-Ramos vom Bremer Forschungsinstitut MARUM hat jetzt untersucht, ob dieser Lebensraum mit dem Klimawandel verloren gehen könnte, wenn die Meere wärmer werden. Die Ergebnisse überraschen. Sie zeigen, dass die Temperatur in der Tiefe keine große Rolle spielt. Möglicherweise, so die Forscher, hänge das Wohlergehen der Korallen vom Nahrungsangebot und dem Sauerstoffgehalt im Wasser ab. Das Team hatte für die Studie Sedimentproben aus *Lophelia*-Riffen entnommen, die bis zu 20 000 Jahre alt sind. In diesem Zeitraum haben sich die Meeresströmungen, das Nahrungsangebot, der Sauerstoffgehalt und die Temperatur des Wassers immer wieder verändert. Die Forscher stellten fest, dass die Riffe langsamer wuchsen oder gar abstarben, wenn es an Nahrung oder Sauerstoff mangelte. „Diese Ergebnisse sind interessant, weil man bei Laborexperimenten bislang vor allem auf die Wassertemperatur und die Ozeanversauerung geachtet hat", sagt da Costa Portilho-Ramos. „Für Flachwasserkorallen sind diese Parameter entscheidend, nicht aber für *Lophelia* in der Tiefe."

DIE ESSENZ DER SINNLICHKEIT –
INSPIRIERT VOM MEER
Wie duftet die charaktervolle mediterrane Levante? Und was liegt in der Sommerluft, wenn in der Normandie Atlantikwellen auf sandige Steilküsten stoßen? Der Duft der Meere ist für uns mehr als nur ein Geruch. Er ist eine Stimmung, ein Gefühl, ein Versprechen.
Beide Düfte kreierte Geza Schön, einer der herausragenden Parfumeure der Welt, gemeinsam mit mare – ausschließlich unter Verwendung hochwertiger Naturessenzen. Sie erhalten sie direkt unter www.createurmare.de. Dort finden Sie auch die Adressen ausgewählter Verkaufsstellen und Wissenswertes zu den mare-Düften.
eau du levant
créateur mare
la plage de paris
créateur mare
JETZT QR-CODE SCANNEN UND DUFTPROBE BESTELLEN
créateur mare

Welches Heft fehlt Ihnen noch?

Alle unten gezeigten mare-Ausgaben sind in unserem Shop erhältlich. Bestellen Sie einfach und schnell unter www.mare.de oder kontaktieren Sie uns per Telefon +49/(0)8105/388-103 oder per Fax +49/(0)8105/388-210. Die Hefte No. 1 bis 18 sowie 20, 21, 23, 25, 28, 30, 31, 32, 35, 67, 80, 83, 101 und 111 sind leider vergriffen.

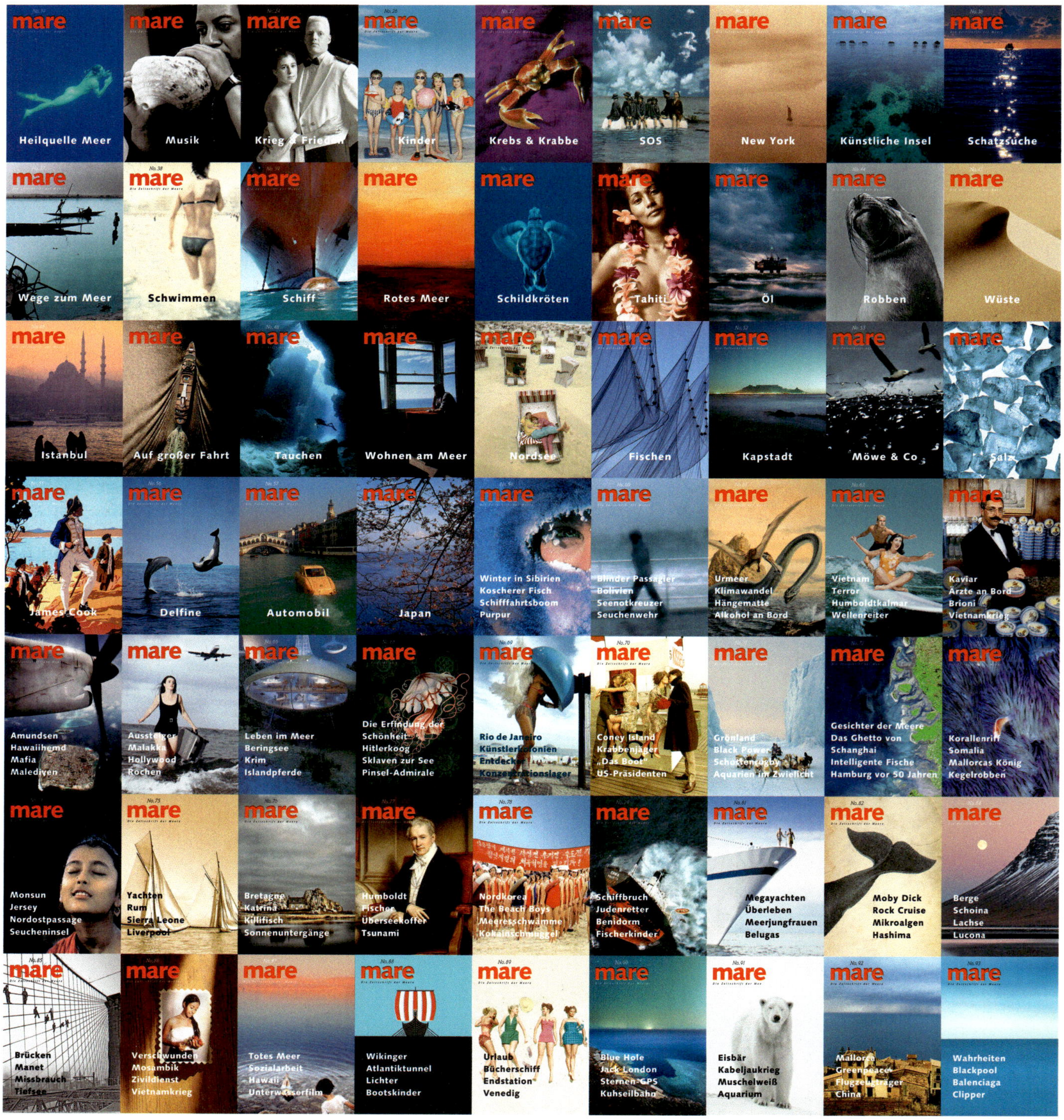

In unserem mareshop unter www.mare.de finden Sie nicht nur sämtliche mare-**Hefte**, -**Bücher**, -**Kalender** und -**Bildbände**, sondern auch passende **Schuber**, unsere beliebten **Badetücher** und viele weitere Produkte. Und wenn Sie vergriffene Hefte suchen oder Platz in Ihrem mare-Regal schaffen wollen, dann schalten Sie doch eine Gratisanzeige in unserem Hafenbasar oder handeln dort mit Ihren gebrauchten Heften.

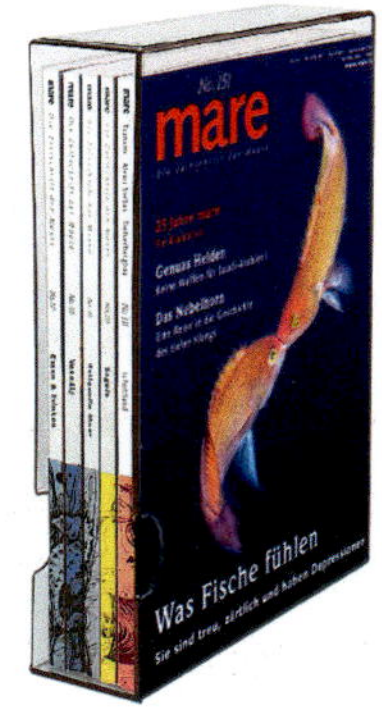

Zum Beispiel:
mare-**Sammelbox** 18 €

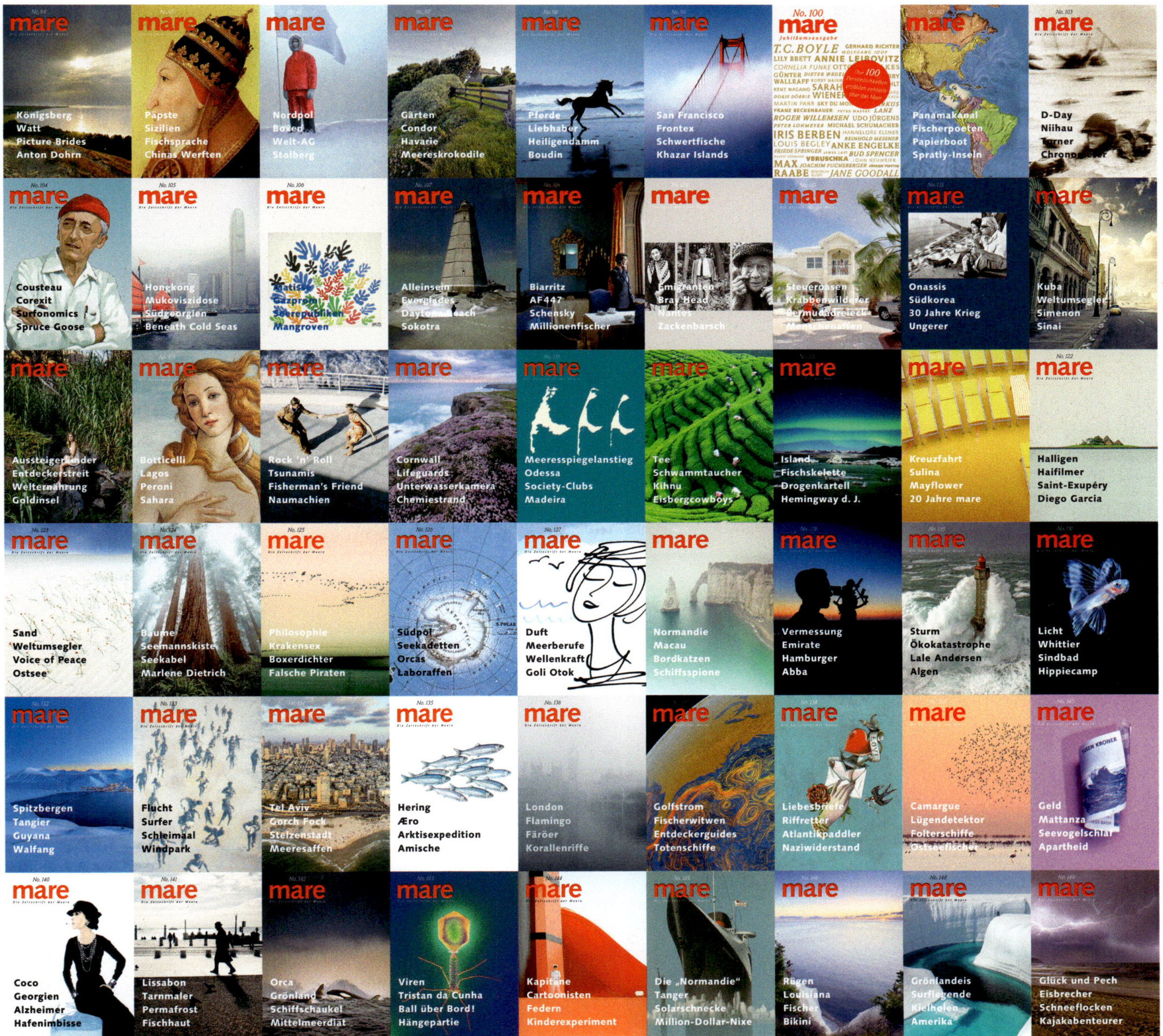

Alle Preise zuzüglich Versandkosten (in D pauschal 3,50 €, EU 5 €, übrige Länder 7,50 €). Die Versandkosten entfallen, wenn der Bestellwert den Betrag von 25 € überschreitet (gilt nur für D und A). mare-Hefte sind, soweit nicht vergriffen, zum Preis von 7,50 € (ab No. 74: 8,50 €, ab No. 98: 9,50 €, ab No. 131: 12 €) erhältlich.

Blickfang: Das Museum in Australien sieht aus wie ein auftauchender Wal

Bildung

Neues Museum im Meer

Noch in diesem Jahr soll in Westaustralien ein neues Meeresmuseum eröffnen, das Australian Underwater Discovery Centre. Der Bau ist einem auftauchenden Wal nachempfunden und dient hauptsächlich der Observation der Unterwasserwelt vor Ort. Es soll das weltweit größte Zentrum seiner Art werden, das sowohl der Öffentlichkeit als auch Wissenschaftlern offensteht. Spektakulär ist bereits der Weg dorthin: Das Museum liegt am Ende des berühmten Busselton Jetty, einer fast zwei Kilometer langen Seebrücke in der westaustralischen Stadt Busselton, rund 220 Kilometer südlich von Perth. 1853 bis 1865 errichtet, gilt der Busselton Jetty als längster Holzsteg der südlichen Hemisphäre. Das eindrucksvolle Walgebäude von Baca Architects vor der Küste der Geographe Bay hat mehrere Glasfronten und reicht bis auf den Meeresboden in acht Meter Tiefe. „Das ist so authentisch, wie es nur geht: Es sind die Menschen, die im Aquarium sitzen, und die Fische schauen hinein", sagt Barry House, Vorsitzender des Bauherrn Busselton Jetty Incorporated. Wegen des Leeuwinstroms, der von Norden her wärmere Wassertemperaturen mitbringt, lassen sich viele tropische Fische und Meerestiere an den Holzpfählen des Jetty beobachten. Der Baubeginn für das gut 20-Millionen-Euro-Projekt ist für den Sommer geplant, die Eröffnung für Ende des Jahres. Das neue Gebäude soll ein bereits bestehendes Observatorium an der Anlegestelle ersetzen. Im alten Gebäude, so House, sei nur Platz für gleichzeitig maximal 44 Besucher, zu Spitzenzeiten müssten immer wieder Menschen abgewiesen werden. *mz*

Meeresbiologie

Massensterben in der Karibik

Es ist die tödlichste Korallenkrankheit, die jemals in der Karibik registriert wurde – die Stony Coral Tissue Loss Disease. Dabei stirbt aus ungeklärten Gründen das Weichgewebe vieler Steinkorallen ab. Zuerst wurde die Krankheit im Jahr 2014 im Süden Floridas beobachtet. Seitdem hat sie sich von den Bahamas bis zu den Kleinen Antillen immer weiter ausgebreitet. Mexikanische Forscher berichten nun im Fachblatt „Communications Biology", dass vor der Küste Yucatáns, im Großen Mayariff, fast 30 Korallenarten von der Krankheit betroffen sind. Die Bestände seien mittlerweile um zehn bis 94 Prozent dezimiert. Am häufigsten tritt die Krankheit demnach bei Steinkorallen aus der Familie *Meandrinidae* auf, schreiben die Forscher um Lorenzo Álvarez-Filip von der Universidad Nacional Autónoma de México in Puerto Morelos. Dazu gehören neben verschiedenen Arten der Gattung *Meandrina* auch die Säulenkoralle *Dendrogyra cylindricus*. Oft würden die befallenen Korallen binnen weniger Wochen absterben. Die Ursache für das Massensterben ist bisher nicht bekannt. Es könnten laut Studien sowohl Bakterien als auch Viren daran beteiligt sein. Ziemlich sicher spielen die Wassertemperaturen – wie bei den Korallenbleichen am Great Barrier Reef – keine Rolle. Ob die Krankheit gestoppt werden kann, ist unklar. Entscheidend sei, so das Team, ob sich die bestandsbildenden Korallen wieder erholen können. *red*

Astronomie

Forscher will Meteorit bergen

Zwei Forscher wollen mithilfe von Magneten einen Meteoriten aus dem Pazifik bergen, der im Januar 2014 auf die Erde gestürzt ist. Der Gesteinsbrocken mit einem Durchmesser von rund 45 Zentimetern gilt als besonders, weil er von außerhalb unseres Sonnensystems kommt. Die Herkunft wurde vom U. S. Space Command offiziell in einer Stellungnahme via Twitter bestätigt. Beweis für seinen Ursprung sei die Tatsache, dass der Brocken mit dem Namen CNEOS-2014-01-08 mit der enorm hohen Geschwindigkeit von 60 Kilometern pro Sekunde ins Meer gestürzt war. Astrophysiker Avi Loeb, Mitentdecker und Harvard-Professor, plant

Harvard-Professor Avi Loeb

nun eine Expedition an den Einschlagsort vor der Insel Manus in Papua-Neuguinea. Er glaubt, außerirdisches Leben könnte das Objekt geschaffen haben. Für den angesehenen Forscher ist es die Chance, herauszufinden, ob „ein interstellarer Meteor eine Zusammensetzung aufweisen könnte, die eindeutig künstlichen Ursprungs ist“, so Loeb in einem Beitrag für die Nachrichtenseite „The Debrief“. Die Gelegenheit sei günstig. Während es viele Milliarden Euro koste, eine Probe von einem interstellaren Objekt zur Erde zu holen, seien die Kosten direkt auf unserem Planeten vielfach geringer. Er hoffe, dass einige Komponenten den Einschlag überlebt haben. „Mein Traum ist es“, so Loeb, „einige Knöpfe an einem funktionierenden Gerät zu drücken, das außerhalb der Erde hergestellt wurde.“ *mz*

Meeresflora

Seegras der Superlative

Bei einer riesigen Seegraswiese in der Shark Bay vor Westaustralien handelt es sich um eine einzige Pflanze. Das ergab eine Genanalyse, die Forschende der University of Western Australia und der Flinders University machten. Sie hatten die Pflanze zufällig entdeckt, als sie vor Ort Untersuchungen für ein Meeresschutzprojekt vornahmen. Das Seegras der Art *Posidonia australis* bedeckt eine Fläche von rund 200 Quadratkilometern in der Shark Bay, die zum Unesco-Weltnaturerbe gehört. Nach dem Fund sammelten die Wissenschaftler an verschiedenen Stellen der Bucht Triebe und nahmen eine Art genetischen Fingerabdruck mit 18 000 Markern. „Die Antwort hat uns umgehauen“, sagt die Doktorandin Jane Edgeloe, Hauptautorin der Studie im Fachblatt „Proceedings of the Royal Society B“. Sämtliche Triebe seien genetisch identisch. „Eine einzige Pflanze hat sich über 180 Kilometer in der Shark Bay ausgebreitet, was sie zur größten bekannten Pflanze auf der Erde macht“, so Edgeloe. Offenbar sei die ganze Wiese aus einem einzigen Keimling entstanden. Dafür müsse das Seegras mindestens 4500 Jahre lang gewachsen sein. Weiterhin ungewöhnlich: Das Seegras ist polyploid, besitzt in seinen Zellen also mehr als zwei Chromosomensätze. An Orten mit extremen Umweltbedingungen kreuzen sich manchmal Pflanzen mit zwei Chromosomenpaaren, und der neue Keimling übernimmt das komplette Erbgut beider Elternpflanzen statt jeweils nur die Hälfte. *mz*

Vor 90 Jahren

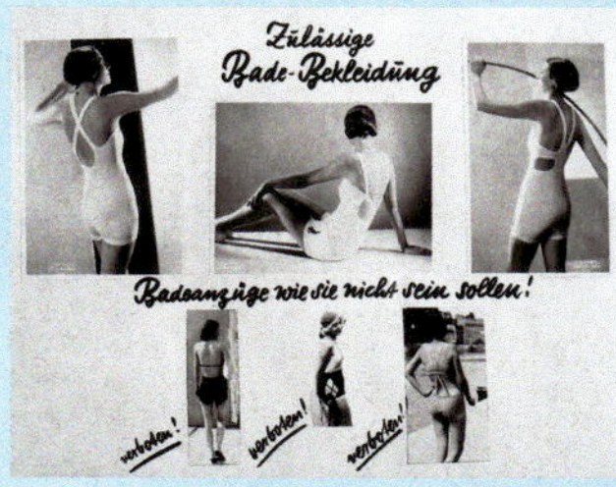

Zwickelerlass für züchtige Badebekleidung tritt in Kraft

Anfang des 20. Jahrhunderts entdecken die Deutschen ein neues Hobby: das Baden und Schwimmen im Meer. Man trägt dabei Badebekleidung aus Wolle, oft selbst gestrickt und unpraktisch, weil sie sich sofort mit Wasser vollsaugt. Die Industrie reagiert und bringt funktionale, bequeme und auch freizügigere Bademode auf den Markt. Auch das Nacktbaden liegt im Trend. Rund 100 000 Deutsche sind Ende der 1920er-Jahre in FKK-Vereinen organisiert. Die wachsende Freizügigkeit erschüttert die konservative Elite. So erlässt am 28. September 1932 der streng katholische Innenminister des Freistaats Preußen, Franz Bracht, eine neue Badepolizeiverordnung: „Das öffentliche Nacktbaden oder Baden in anstößiger Badekleidung ist verboten.“ Frauen müssen nun einen ganzteiligen Badeanzug tragen, der Brust, Oberkörper und den Rücken vollständig bedeckt. Dieser müsse unter den Armen fest anliegen sowie mit einem Zwickel versehen sein, heißt es. Auch Männer dürfen nur in einer Hose mit Zwickel baden. Mit Zwickel wiederum ist „ein Stoffeinsatz im Schritt gemeint, der für die Badebekleidung ebenso wie für die gewöhnliche notwendig erscheint“. Der Zwickel soll vermeiden, dass sich die Geschlechtsteile unter enger und nasser Badekleidung abzeichnen. Brachts im Volksmund „Zwickelerlass“ genannte Verordnung sorgt für Hohn und Spott, findet aber auch Zustimmung. Während liberale Kabarettisten und Karikaturisten sich mit Hingabe amüsieren, bezeichnet etwa der prominente Zentrumspolitiker Franz Graf von Galen den Erlass als eine „sittliche Erneuerung des Volkes auf dem Boden des Christentums“. Weil die Nationalsozialisten schon bald darauf an die Macht kommen, spielt der Zwickelerlass in der Badesaison 1933 kaum noch ein Rolle. Trotzdem gilt Brachts Verordnung bis heute als ein Musterbeispiel für das übertriebene Eingreifen des Staats in persönliche Angelegenheiten. *fk*

Illustration: Ueli Etter

Im Sonnenuntergang: das Restaurant „Salt & Silver" in St. Peter-Ording

Klima

Pfahlbauten bedroht

Die Pfahlbauten an den Stränden von St. Peter-Ording sind Wahrzeichen des Urlaubsorts an der Nordsee. Nun sind einige von ihnen wegen des steigenden Meeresspiegels bedroht. Das Meer drängt jedes Jahr rund fünf bis sieben Meter in Richtung Strand, der dadurch schmaler wird. Auch einige der Restaurants auf Stelzen werden in der Nordsee versinken. Das Meerwasser greift die Holzpfähle an, und durch die Strömung wird der Sand rundherum weggespült. 2023 soll nun die „Strandbar 54° Nord" über 200 Meter nach Osten rücken, eines der fünf Restaurants in Pfahlbauweise an den Stränden von St. Peter-Ording. Die „Strandbar" steht mit ihren Stelzen 70 Meter vom Strand entfernt in der Nordsee. Erst Ende Februar hatten Stürme und Orkane zu schweren Schäden geführt; die zentrale Seebrücke und der Steg zum Lokal wurden teilweise zerstört. Auch die Eröffnung eines neuen Restaurants auf Stelzen, des „Salt & Silver", musste wegen einer Springflut um einen Tag verschoben werden. Das Hamburger Restaurant zog im April in den Pfahlbau acht Meter über dem Meer am Böhler Strand von St. Peter-Ording ein. Zuvor befand sich dort 44 Jahre lang das Lokal „Seekiste". Den ersten Pfahlbau aus Lärchenholz von 1911, die „Giftbude", gibt es längst nicht mehr. Bereits 1935 wurde er von einer Sturmflut eingerissen. Seitdem mussten immer wieder Bauten nach hinten versetzt oder abgerissen werden. *mz*

Kriminalität

Cold Case von Helgoland

Mit einer neuen fotografischen Gesichtsrekonstruktion rollen Ermittler und Staatsanwaltschaft aus Wilhelmshaven und Oldenburg einen alten Fall aus dem Jahr 1994 auf. Damals hatte ein Polizeischiff eine unbekannte männliche Wasserleiche westlich von Helgoland geborgen. Wegen seiner Krawatte und der teuren, aber abgetragenen Schuhe erhielt die Leiche den Beinamen „The Gentleman". Die Umstände, wie der Leichnam in die Nordsee kam, sind bis heute nicht geklärt. Weiterhin ist unklar, wer der tote Mann ist – er passt zu keinem Vermisstenfall. Bislang seien mehr als 50 Hinweise eingegangen, vor allem in Bezug auf die auffällige Krawatte des Manns, bestätigen Polizei und Staatsanwaltschaft in Wilhelmshaven und Oldenburg. Außerdem hatten die Ermittler die Leiche im Dezember 2021 exhumiert und ein vollständiges DNA-Profil isoliert. Nun könne der Datensatz mit Informationen aus nationalen und internationalen Datenbanken verglichen werden. Die Polizei ging bereits 1994 von einem Tötungsdelikt aus: Der 1,97 Meter große Mann hatte Verletzungen an Kopf und Oberkörper; die Leiche war mit Schuhleisten aus Gusseisen beschwert. Zum Tatzeitpunkt müsse der Mann aus dem englischsprachigen Raum zwischen 45 und 50 Jahre alt gewesen sein. Unklar bleibt, ob er vor Helgoland von einem Schiff über Bord geworfen oder dorthin getrieben wurde. *mz*

Wasserleiche „The Gentleman"

Immobilien

Sylter Hauspreise explodieren

Die Preise für Immobilien auf Sylt erreichen Rekordhöhen, und dieser Trend wird sich fortsetzen, berichten Makler. Laut einem Küstenreport der bundesweit aktiven Immobilienagentur Von Poll kostet ein Quadratmeter Wohnfläche auf Sylt in diesem Jahr im Schnitt 18 740 Euro; das sind 21,7 Prozent mehr als im Jahr zuvor. „Sylt ist begehrt wie eh und je", sagt der lokale Von-Poll-Geschäftsstellenleiter Martin Weiß. „Das Angebot hat sich allerdings auf circa ein Drittel reduziert, und das bedingt eine Preisspirale nach oben." Die Marktkenner des Immobilienverbands (IVD) berichten, der Trend habe schon vor dem Frühjahr 2020 begonnen und sei durch die Pandemie verstärkt worden. Grundsätzlich würden die Immobilienpreise für Zweit- und Ferienwohnungen weiter steigen, sagt Peter-Georg Wagner, Geschäftsführer des IVD Nord, weil die Nachfrage nach Urlaub in Deutschland gestiegen sei. Auf anderen Nordseeinseln

ziehen die Preise laut den Von-Poll-Maklern ebenfalls an, wenn auch nicht so stark wie auf Sylt. Auf den Nordfriesischen Inseln koste der Quadratmeter im Schnitt 14 115 Euro, eine Steigerung von 17,1 Prozent, auf den Ostfriesischen Inseln 8206 Euro, eine Steigerung von 5,7 Prozent. Im Immobilienatlas der Postbank vom März 2022 wurde der Kreis Nordfriesland – mit Sylt, Föhr und Amrum sowie St. Peter-Ording – sogar zum bundesweit teuersten Landkreis ernannt. *mz*

Technik

Roboter-Schiff aus China

China hat den ersten reinen Drohnenträger der Welt gebaut, ein 88 Meter langes Schiff, das ohne Besatzung und Kapitän fährt. Nur in Hafennähe und in belebten Gewässern wird das Schiff ferngesteuert, ansonsten bewegt sich die „Zhu Hai Yun" dank Künstlicher Intelligenz völlig autonom. An Bord befinden sich laut Fan Lei, Chefkonstrukteur der Huangpu Wenchong-Werft in Guangzhou, bis zu 290 autonome Luft-, Über- und Unterwasserfahrzeuge. Die Drohnen können jederzeit starten und wieder zurück an Bord geholt werden und dienen vor allem wissenschaftlichen Zwecken. Eigentümer des Schiffs ist das Southern Ocean Laboratory der Sun-Yat-sen University in Guangzhou. Labordirektor und Ozeanografieprofessor Dake Chen bezeichnet den Drohnenträger als neue „marine Spezies", die die Meeresbeobachtung revolutionieren werde. Allerdings ist auch eine militärische Nutzung vorgesehen. Einsatzgebiet könnte das Südchinesische Meer sein, wo sich China mit anderen Nationen um eine Inselgruppe streitet. Das 18 Knoten schnelle Schiff wurde ausschließlich mit chinesischer Technik gebaut, um bei einem Handelskrieg unabhängig vom Westen zu sein. Noch in diesem Jahr soll die „Zhu Hai Yun" einsatzfähig sein. *jsc*

Umwelt

Neue Mangroven gepflanzt

Eine Stiftung forstet auf den Philippinen seit über 15 Jahren massiv Mangroven auf. Zwei Millionen Pflanzen setzte sie bereits an zwei Standorten in der Provinz Davao Oriental. Und weitere 3,5 Millionen sind geplant. „Unsere Arbeit ist leichter geworden, weil Mangroven inzwischen unter Naturschutz stehen. Außerdem haben die Menschen erkannt, dass Mangroven nicht nur Küstenschutz bedeuten, sondern auch für den Fischnachwuchs unverzichtbar sind", sagt Ulrich Kronberg von der Mama Earth Foundation mit Sitz auf den Philippinen und Mitherausgeber des Hamburger Segelmagazins „Palstek". Mangroven binden CO_2 aus der Atmosphäre und sind langfristig wichtig für den Klimaschutz. Außerdem verbessern sie konkret die Lage der Fischerfamilien. „Mangroven führen zu höheren Fangquoten, und die Muscheln, die sich an den Stelzwurzeln festsetzen, tragen zusätzlich zum Einkommen bei", erklärt Kronberg. Auch zu Beginn haben die Familien direkt Vorteile. Sie pflanzen die Setzlinge gegen Bezahlung. Die Davao Oriental State University in Mati City und die regionale Umweltbehörde bestimmen die Standorte, begleiten und evaluieren die Aufforstungen. Ein Problem konnte die Mama Earth Foundation kreativ lösen: Im Wurzelwerk der Mangroven verfängt sich Plastikmüll. Diesen sammeln die Pflanzer für zusätzliches Geld ein. Aus 30 Kilogramm Müll entstehen in Zusammenarbeit mit einer lokalen Recyclingfirma stabile Stühle für Schulen. Auch mit dem bekannten deutschen Profisegelsportler Boris Herrmann arbeitet die Stiftung zusammen. Gemeinsam pflanzen sie derzeit eine Million Mangroven im Malizia Mangrove Park bei Mati City. *mz*

Kreativ: Aus Plastikmüll in Wurzeln der Mangroven werden Stühle gebaut

Wissenschaft

Weg frei für „Polarstern II"

Sie ist derzeit das bekannteste deutsche Forschungsschiff, die „Polarstern". Nun steht fest: Sie wird eine Nachfolgerin bekommen. Der Haushaltsausschuss des Bundestags hat die Mittel für den Bau der „Polarstern II" genehmigt. Der Eisbrecher soll ab 2027 die jetzige „Polarstern" ersetzen und wird über 500 Millionen Euro kosten. „Mit großer Freude und Erleichterung vernehmen wir die Signale aus der Politik", so Antje Boetius, Direktorin des Alfred-Wegener-Instituts (AWI), das die „Polarstern II" betreiben wird. Das Bundesforschungsministerium erteilte inzwischen die Freigabe für das Vergabeverfahren. Damit sei, so Ministerin Bettina Stark-Watzinger, der „Weg für den Bau der neuen ‚Polarstern II' nun frei". *red*

Illustration: Ueli Etter

Impressum

mare

Verleger
und Chefredakteur
Nikolaus Gelpke (V.i.S.d.P.)

Stellvertretender Chefredakteur
Textchef
Karl Spurzem
spurzem@mare.de

Art Director
Nadja Zobel
zobel@mare.de

Photo Directors
Petra Koßmann, Anastasia Hermann
kossmann@mare.de, hermann@mare.de

Redaktion Leben/Politik
Dimitri Ladischensky
ladischensky@mare.de

Redaktion
Wirtschaft/Wissenschaft
Jan Keith
keith@mare.de

Redaktion Kultur
Zora del Buono, Martina Wimmer
delbuono@mare.de, wimmer@mare.de

Redaktion Online
Wiebke Böse
boese@mare.de

Leitung Marketing/Kommunikation
Jan Lehmköster
lehmkoester@mare.de

Vertriebsleitung
Karin Trommer
trommer@mare.de

Buchhaltung
Nicole Steinhauser
steinhauser@mare.de

Organisation
Eva Grünert
gruenert@mare.de

Satz/Lithografie
Andrea Best
best@mare.de

Korrektorat
Susanne Feyke

Druck
Druckhaus Kaufmann

Vertrieb
Stella Distribution GmbH
ISSN 1432-928X
ISBN 978-3-86648-442-9

Abonnementvertrieb
QS Quality Service GmbH

Anschriften

Redaktion und Verlag

mareverlag GmbH & Co. oHG
Sandthorquaihof
Pickhuben 2, 20457 Hamburg
Telefon 040/36 98 59-0
Fax 040/36 98 59-99
mare@mare.de, www.mare.de

Redaktionsbüro Berlin

Hagelberger Straße 53/54
10965 Berlin
Art Direction: Telefon 030/612 86 154
Photo Direction: Telefon 030/617 027 34
Redaktion Kultur: Telefon 030/612 806 93
Fax 030/612 806 94

Abonnementservice

mare-Service
Postfach 11 10 11, 20410 Hamburg
service@abo.mare.de
Telefon +49/(0)40/3007-3536, Fax -853536
Jahresabonnement: 60 Euro
Studentenabonnement: 54 Euro

mare ist stets erhältlich im
Bahnhofs- und Flughafenbuchhandel.

mare erscheint im mareverlag
GmbH & Co. oHG, HRA 90234,
PHG: Dreiviertel Verlag GmbH,
HRB 63029, Nikolaus Gelpke

Anzeigen

Anzeigenleitung mare
Anke Wiegel
Speersort 1, 20095 Hamburg
Telefon 040/3280-345
anke.wiegel@zeit.de

Lifestyle
Rudigier Consulting
Telefon 089/3742 6655
Mobil 0160/9094 9098
Steinbacherstraße 8, 81675 München
patricia@rudigier-consulting.com

International
iq media marketing gmbh
Gerda Gavric-Hollender
Telefon 0211/887-2343
Toulouser Allee 27, 40211 Düsseldorf
gerda.gavric-hollender@iqm.de

Bild- und Textnachweise

Bildnachweise

(l.: links; r.: rechts; M.: Mitte; o.: oben; u.: unten)

Titel: Dominique Tarlé; S. 5: Mathias Bothor/Photoselection; S. 6 v.o.l.n.u.r.: Stefano Schirato; Matteo de Mayda; © I. F. Smith; Mitchell Library, State Library of New South Wales/Bridgeman Images; Dominique Tarlé; from the website of the National Research Foundation „Eleftherios K. Venizelos“, www.venizelos-foundation.gr; Magda Wel; S. 8/9: mare/Illustration: RB+MKB-Deskkart, Hamburg; S. 13–28: Stefano Schirato; S. 31: © Matthew Wong Foundation/VG Bild-Kunst, Bonn 2022; S. 32 und 33: Science Photo Library/Middle Temple Library; S. 34: © Cambridge University Library; S. 36 (Illustration): Tomer Hanuka; S. 39: Mike Nelson/AFP via Getty Images; S. 40: Bettmann/Getty Images; S. 42/43: Roberto Koch/Contrasto/laif; S. 44: Roberto Koch/Contrasto/laif; S. 47: © Jens Oellermann; S. 48–58: Matteo de Mayda; S. 61 (beide): Marcus Friedrich Media; S. 62: © I. F. Smith; S. 63: Phil McLean/FLPA/Minden Pictures; S. 64: aus dem Buch: „Heinrich Zimmermanns von Wissloch in der Pfalz, Reise um die Welt, mit Capitain Cook“, Mannheim bei C. F. Schwan, kuhrfürstl. Hofbuchhändler, 1781; S. 65: Mitchell Library, State Library of New South Wales/Bridgeman Images; S. 66 o.: Online: https://de.m.wikipedia.org/wiki/Datei:Heinrich_Zimmermann_-_Matrose.jpg (Stand: 31.05.2022); S. 66 u.: aus dem Buch: „Heinrich Zimmermanns von Wissloch in der Pfalz, Reise um die Welt, mit Capitain Cook“, Mannheim bei C. F. Schwan, kuhrfürstl. Hofbuchhändler, 1781; S. 68: INTERFOTO/National Maritime Museum, London; S. 71 (Illustration): Orlando Hoetzel; S. 72–82: Dominique Tarlé; S. 84 o.: Dominique Tarlé; S. 84 u.: Trinity Mirror/Mirrorpix/Alamy Stock Photo; S. 85 (beide) und 86: Dominique Tarlé; S. 88–93: James Burke/The LIFE Picture Collection/Shutterstock; S. 97: Jack Robinson/Hulton Archive/Getty Images; S. 98: Courtesy of Cary Raditz; S. 100: Jack Robinson/Hulton Archive/Getty Images; S. 102 und 103 (alle): David Liittschwager Monograph/National Geographic; S. 105 (Illustration): aus dem Buch: Agata Loth-Ignaciuk, Bartłomiej Ignaciuk, „Ins ewige Eis! Nordpol und Südpol in einem Jahr“, © Gerstenberg Verlag, Hildeseim, 2022; S. 109 (Porträt): Mathias Bothor/Photoselection; S. 113 o.l.: Science Photo Library/Dr. P. Marazzi; S. 113 o.r.: Alchetron © 2022; S. 113 M.: Science Photo Library/Molekuul; S. 113 u.: Jeff Schmaltz, MODIS Rapid Response Team, NASA/GSFC; S. 114–116 (griechisches Band): © Patternia; S. 114 und 115: ANEK LINES Archive; S. 116: from the website of the National Research Foundation „Eleftherios K. Venizelos“, www.venizelos-foundation.gr; S. 118: © Evelyn Korn. All rights reserved 2022/Bridgeman Images; S. 119: davemantel/Getty Images; S. 119 (Kasten): © Courtesy of the artist; S. 121: mauritius images/Westend61 RF/Konstantin Trubavin; S. 124–127 (Illustration unten): Ueli Etter; S. 124 o.: Courtesy of Baca Architects; S. 124 u.: Shawn G. Henry; S. 125 o.l.: Kriki/Christian Groß; S. 125 (Kasten): ullstein bild; S. 126 o.: Marvin Tomé; S. 126 u.: © Hew Morrison/Polizeiinspektion Wilhelmshaven/Friesland; S. 127: Ulrich Kronberg; S. 128: Heike Ollertz/Agentur Focus; S. 129 l.: © Ragnar Axelsson; S. 129 (Illustration): © Vectortatu/Dreamstime.com; S. 129 o. (Porträt): Andreas Weiss; S. 129 u. (Porträt): Mathias Bothor/Photoselection; S. 130: Magda Wel; Heftrücken: Conny Bangert.

Textnachweise

S. 30 l.: Anja Kampmann: „Versuch über das Meer“, aus: Anja Kampmann, „Proben von Stein und Licht“, Carl Hanser, 2016; S. 30 r.: Christoph Ransmayr, „Damen & Herren unter Wasser“, S. Fischer, Frankfurt am Main, 2007.

ClimatePartner
klimaneutral
Druck | ID 11061-1707-1001

mare wird klimaneutral hergestellt und an die Abonnenten in einer kompostierbaren Biofolie versendet.

mare *No. 154*

ab 4. Oktober im Zeitschriften- und Buchhandel

Oktober/November 2022

Hunde

Sie sind unsere treuen Helfer und Retter: Hunde. In Grönland ziehen sie im Gespann die bis zu 1000 Kilogramm schweren Schlitten der Inuit über das Eis. An Italiens Stränden fischen sie Ertrinkende aus dem Meer. Ein Besuch bei den mutigsten und zähesten Vierbeinern der Welt.

Weitere Themen im Heft

Nigerdelta
Die Menschen im Nigerdelta leiden unter den Kollateralschäden, die die Ölförderung seit Jahrzehnten verursacht.

Raumschifffriedhof im Meer
An einer der entlegensten Stellen im Südpazifik, am Point Nemo, ruhen die Reste alter Raumschiffe und -stationen.

Sand
Sand ist Sand? Mitnichten. Experten lesen in einzelnen Sandkörnern wie in einem Buch. Wir zoomen ganz nahe heran.

Die in Köln lebende Illustratorin Magda Wel interpretierte für mare das Lied „Meer" von Christina Lux aus dem Jahr 2018. Die Sängerin, Gitarristin und Komponistin ist seit ihrer Jugend Musikerin, spielte in Rock- und Jazzbands und war gefragte Gitarristin und Backgroundsängerin auf Tourneen und Studioaufnahmen etwa von Purple Schulz, Paul Young und Fury in the Slaughterhouse. Sie spielte neun eigene Alben auf Englisch und im Stil eines „Songwriter-Jazz", wie ein Kritiker es formulierte, ein. 2018 wandte sie sich mit dem Album „Leise Bilder", von dem auch das Liebeslied „Meer" stammt, intensiven, poetischen Texten auf Deutsch zu. „Die Zeit war reif für leise Bilder", sagte sie damals in einem Interview.